R.N.

Raimon Panikkar

Trinität

Raimon Panikkar

Trinität

Über das Zentrum menschlicher Erfahrung

Kösel

Die deutsche Übersetzung von Susanne Schaup wurde – aufgrund der spanischen Ausgabe »La Trinidad y la experiencia religiosa«, 1989 erschienen bei Ediciones Obelisco, Barcelona – mit der englischen Erstausgabe »The Trinity and the Religious Experience of Man« 1973 erschienen bei Orbis Book u.a., New York, verglichen und teilweise neu redigiert.

ISBN 3-466-20378-3

Druck und Bindung: Kösel, Kempten
Umschlag: Elisabeth Petersen, Glonn, unter Verwendung eines Fotos von Fritz Kortler, Illertissen-Au.

1 2 3 4 5 · 97 96 95 94 93

Gedruckt auf umweltfreundlich hergestelltem Werkdruckpapier (säurefrei und chlorfrei gebleicht)

Inhalt

Deigenetrici sed non Trinitatis
Dei Mater tamen
d.d.d.

Vorwort

Sa tredhâ âtmânam vyakuruta
Er offenbarte sich selbst dreifaltig

Brihadâranyaka Upanishad, I,2,3

Viel Wasser ist den Ganges hinuntergeflossen, seit ich vor mehr als einem Vierteljahrhundert diese trinitarische Meditation in ihrem Kern niederschrieb. Es wäre verwunderlich, wenn dieses Wasser das Gelände inzwischen nicht ausgehöhlt hätte. Tatsächlich kamen die Gewässer des heiligen Flusses zu der Hütte, in der ich die erste Fassung schrieb, und sie steht heute nicht mehr. Es wäre jedoch genau so verdächtig, wenn ich behauptete, daß der Ganges verschwunden sei oder daß die trinitarische Intuition nicht weiterhin ebenso grundlegend für das Leben der Völker wie für mein eigenes Dasein wäre. Was mich betrifft, hat die Erfahrung sich insofern gewandelt, als ich sie eine kosmotheandrische Intuition genannt habe. Mit dieser Bezeichnung habe ich eine Vorstellung aufgenommen, die einigen Theologen vorschwebte, von ihnen jedoch nicht ausgeführt wurde, vielleicht aus Angst vor dem Schreckgespenst der abendländischen Theologie: dem Pantheismus. Das Problem des Pantheismus liegt nicht in dem, was er bejaht, sondern in dem, was er verneint. Der Pantheismus ist ein Irrtum, weil er zu wenig, nicht, weil er zu viel behauptet. Alles ist göttlich, besagt der Pantheismus. Ein monotheistischer Gott, der *alles* wäre, würde aber dem Geschöpf keinen ontologischen Raum zugestehen. Die schädlichen Folgen springen ins Auge: die *fuga mundi*, die »Religion« als überirdisches Unternehmen, die Verdrängung des Zeitlichen in die Sphäre des Verächtlichen sowie die ständige Versuchung der Theokratie, da außerhalb ihrer die institutionalisierten Religionen ihre Relevanz, das heißt ihre Macht, verlieren.

Das Dilemma »entweder Gott oder Welt« ist falsch, weil es sich in einer Abstraktion bewegt, die den Bezug zur Wirklichkeit verloren hat. In einem solchen Entweder-Oder ist weder »Gott« noch »Welt« wirklich.

Wir können dem Pantheismus insofern zustimmen, daß *alles* göttlich ist, doch müssen wir sofort hinzufügen, daß das Göttliche sich nicht in irgend einem *Alles* erschöpft. Dem Pantheismus fehlt die Erfahrung oder, vielleicht besser gesagt, die Intuition der Erfahrung des Nichts, die Nicht-Erfahrung.

Wenn ich von der kosmotheandrischen Intuition spreche, nehme ich eine Idee wieder auf, die von alters her im Christentum verwurzelt ist und auch in jüngerer Zeit gewürdigt wird. Es ist diejenige, die sich gewöhnlich einstellt, wenn man sagt, daß die »immanente« Trinität, aus dem Schoße der Gottheit, dieselbe sei wie die »ökonomische«, die *ad extra*, in der äußeren Welt, wirksam ist.

Die kosmotheandrische Schau begnügt sich nicht damit, die trinitarische »Spur« in der »Schöpfung« und ihr »Gleichnis« im Menschen zu entdecken, sondern sie betrachtet die Wirklichkeit in ihrer Gesamtheit als die vollständige Trinität, die aus einer göttlichen, einer menschlichen und einer kosmischen Dimension besteht. Die immanente Trinität bezieht sich auf das Sein Gottes, auf einen ontologischen Begriff; die ökonomische Trinität auf das Wirken Gottes, einen soteriologischen Begriff; die Trinität, von der wir sprechen wollen, bezieht sich auf die »gesamte« Wirklichkeit, ein radikales Konzept. Die Wirklichkeit selbst ist trinitarisch. Gegenstand der beiden ersten Begriffe ist »Gott«, der im allgemeinen der Gott der abrahamitischen Überlieferung ist. Dies ist ein Gedanke, der in der »gläubigen« abendländischen Tradition zu Hause ist. Doch dieser Gegenstand »Gott« ist in eben dieser abendländischen Welt in eine Krise geraten. Was immer aus »Gott« werden mag, sicher ist, daß die Dreifaltigkeit eines solchen »Gottes« nicht nur an den Rand des täglichen Lebens der verwestlichten Welt gedrängt wurde, sondern auch an den Rand des Glaubenslebens der Christen selbst – obgleich die Bücher der

Theologen immer noch daran festhalten, daß das Dogma der Trinität Kern und Mittelpunkt der christlichen Lehre und Lebenspraxis sei. Im Unterschied dazu ist das Subjekt der radikalen Trinität nicht ein solcher »Gott«, sondern die Wirklichkeit selbst. Das Nachdenken über die radikale Trinität geht nicht vom Begriff oder der Existenz eines »Gottes« aus, über den man dann etwas auszusagen versucht, sondern von der Ganzheit der Wirklichkeit, die ebenso Subjekt wie Objekt ist.

Der Ausgangspunkt der Darstellung dessen, was man sagen möchte, ist die persönliche Erfahrung, die sich dann in einer bestimmten Formulierung kristallisiert. Weder die Erfahrung und noch weniger die Formulierung kann so tun, als wüßten sie nichts von den Quellen, die sie genährt haben. Diese Quellen sind jene Überlieferungen der Menschheit, die zu kennen uns aufgetragen ist. Kennen bedeutet hier nicht nur, sie zu studieren und zu würdigen, sondern mit ihnen zu leben und sie zu durchdringen. Das will in unserem Fall nicht heißen, daß die christliche Überlieferung und innerhalb dieser die Heilige Schrift, das sogenannte »Lehramt« und die Deutungen und Lehren, die danach erarbeitet wurden, zu vernachlässigen seien, sondern daß man versucht, dasselbe auch hinsichtlich anderer Traditionen zu leisten. Unser aktueller Erkenntnisstand entdeckt jedesmal mit größerer Klarheit, daß die trinitarische Intuition eine Form des kulturell und daher menschlich »Allgemeingültigen« ist. Die Erfahrung, auf die ich mich hier beziehen will, ist in ihren grundlegenden Zügen eine menschliche Invariante.

Der Schlüssel zum Verständnis dieser kurzen trinitarischen Meditation liegt in einer christlichen Perspektive, obgleich die Trinität kein christliches Monopol darstellt. Dieser Versuch beabsichtigt, das christliche Mysterium zu vertiefen, und findet auf seinem Grund einen verblüffenden Zusammenfluß der überlieferten Welt der Religionen und der säkularen Welt der Moderne. In dieser Tiefe ist ein fruchtbarer Dialog möglich. Gegenüber noch so gut gemeinten Synthesen, die ein Kurzschluß wären, sollten wir sehr kritisch sein, ebenso gegenüber einer eklektischen Vermischung verschiedener Spiritualitäten. Die Menschen können andere wenig lehren, aber wir können viel von anderen lernen.

Die folgenden Betrachtungen sind gezwungenermaßen in einer knappen Form geschrieben und müssen sich mit einem etwas dunklen, wenn auch hoffentlich verständlichen Stil begnügen. Dies ist ein Buch ohne Fußnoten, weil diese, wenn wir sie anbringen würden, zahlreicher wären als die Absätze des Textes.

Der Autor ist dankbar für die gute Aufnahme, die diese Studie in der akademischen Welt gefunden hat. Die Idee ist mittlerweile auch in das religiöse Umfeld eingedrungen. Dies ist der geeignete Augenblick, um meinen Dank auszusprechen. Namen zu nennen, wäre nicht genug; in herkömmlicher Form zu sagen, daß sie im Herzen des Autors verzeichnet sind – oder im Buch des Lebens, weil ich diese Intuition für eine lebenswichtige halte – wäre ein wenig affektiert. So möge denn eine kollektive, anonyme und aufrichtige Danksagung an alle jene ergehen, die in der einen oder anderen Weise bei diesem Versuch mitgewirkt haben, von etwas zu »sprechen«, über das zu stammeln immer die Mühe lohnt, eben weil es unergründlich ist und uns veranlaßt, die Grenzen des Wirklichen zu »berühren«.

Meine Dankbarkeit ist umso größer, als sie von der Empfindung begleitet ist, daß ich das nicht zu sagen vermochte, was ich ahne. Ich vertraue darauf, daß der Leser erfaßt, was das Geschriebene über den Buchstaben hinaus andeutet, und sich von dem Nichtgesagten angeregt fühlt. Das letztere ist keine bloße *retrónica* (»Schaumschlägerei«), wie der weise Sprachgebrauch besagt, um den positiven Sinn der Rhetorik nicht zu beflecken. Jeder Leser nimmt teil an der Lektüre, und jede Lektüre ist ein Geschehen, das sich zwischen dem Autor, dem Text und dem Leser abspielt. Es gibt Texte, die aus einem geheimnisvollen Zusammenhang mit dem Leser wie auch, vielleicht vor allem, mit dem Autor den Anschein erwecken, als würden sie nur zu einer banalen oder bestenfalls wörtlichen Lektüre einladen und keinen Aufschwung zu dem Nicht-Gesagten erlauben, vielleicht weil diese apophatische Dimension jedes authentischen Wortes vom Autor oder vom Leser nicht genügend »durchlitten« wurde. Das Wort, auch das geschriebene, besitzt Schwingungen und Resonanzen, die fast ins Unendliche gehen. Und wenn die ersteren vor allem die Verpflichtung des Autors sind, obliegen die letzteren dem Leser. Dieser schmale Text, der sich anmaßt, sich den Tiefen Gottes zu nähern, um ein Wort des heiligen Paulus zu gebrauchen, tut dies im Vertrauen darauf, daß der Mensch die Größe besitzt, den paulinischen Satz trinitarisch zu vervollständigen. Ich möchte sagen, daß dies ein Buch voll von Schweigen ist, und zwar nicht von einem bedrückenden Schweigen, sondern einem stillen, leeren, leichten Schweigen, wie man es auf einem Berggipfel empfindet, wenn der Wind – das ist der Geist – sich gelegt hat. Man hat die Welt unter sich gelassen, und doch ruht derselbe Gipfel auf seinen Hängen. Das Schweigen des Menschen kommt ans Ende, nachdem er den Berg bestiegen hat – »alles Wissen überschreitend«.

Meine Empfindungen bei der Durchsicht der ins Deutsche übersetzten Fassung lassen sich schwer beschreiben, und der Übersetzerin, Susanne Schaup, wie dem redaktionellen Bearbeiter des übersetzten Textes, Christoph Bochinger, gebührt mein Dank an dieser Stelle. Beim Wiederlesen meines Textes spürte ich unmittelbar, wie wenig ich vermitteln konnte, was ich empfand, und ich mußte mich ständig im Zaum halten, um den Text nicht zu verändern und zu ergänzen. Es gibt Punkte, die ich gerne differenziert hätte, wie z.B. die Frage der Offenheit des Judentums – oder präziser der religiös-jüdischen Erfahrung etwa in der Kabbalah – für das trinitarische Prinzip, und Ideen, die ich nicht nur gerne auf andere Weise ausgedrückt, sondern noch vertieft und weiter entwickelt hätte. Viele Themen wurden bereits in anderen Schriften von mir behandelt, und andere erweisen sich als zu stark vereinfacht. Ich habe mich jedoch entschieden, keine anderen Veränderungen einzuführen als jene, die sich mir bei einer kritischen Lektüre der Übersetzung aufdrängten.

Ich möchte ein für allemal betonen, daß dieses Buch trotz seines

trockenen und intellektuellen Charakters einen Faktor des Praktischen und der unmittelbaren Anwendbarkeit auf die aktuelle menschliche Situation enthält. Es entstand aus dem Dialog mit der Welt des Vedânta. Daß die Theorie sich von der Praxis nährt, ist nichts Neues. Die authentische Theorie entstand jeweils aus einer Praxis, die mit dem Thema konfrontiert war. Deshalb ist eine bloß belehrende Wiederholung, die in der realen Situation der Menschen nicht inkarniert ist, nicht einmal eine *theoreia*, denn sie *sieht* nicht die sie umgebende Wirklichkeit. Das lebendige Wort ist immer inkarniert. Und wenn der *logos* sich in der Praxis inkarniert, bricht er in erlösender, das heißt befreiender, Rede aus.
Gegenwärtig beginnen trinitarische Reflexionen aufzutauchen, die aus einem der Welt verpflichteten christlichen Leben kommen. Außerdem mehren sich nach und nach die theologischen Stimmen, die eine kritische Haltung gegenüber einem gewissen christlichen Monotheismus einnehmen und dessen Zusammenhang mit Totalitarismen jeder Art aufzeigen.
Eine der Prämissen dieses Buches geht noch darüber hinaus: Sie besteht in der Unterscheidung – ich sage nicht, Trennung – zwischen der Christuswirklichkeit und dem evangelischen Ereignis, das heißt, in einer Enthistorisierung der christlichen Botschaft, ohne deshalb in die alten, zeitlosen Absolutsetzungen des Christentums oder in »gnostische« Lesarten zu verfallen. Die Auslegung des Christentums als ein historisches Ereignis ist legitim und gültig. Noch mehr, sie war in den ersten beiden Jahrtausenden christlichen Lebens die vorherrschende. Im dritten Jahrtausend, wenn die Erde es noch erlebt, muß die *fides quaerens intellectum* der christlichen Generationen Asiens, Afrikas oder Ozeaniens, sofern diese nicht ihre Identität verlieren, sich auf eine neuartige Weise dem Christus-Ereignis öffnen, die sich nicht mehr auf das stützen kann, was ich den geschichtlichen Mythos des Christentums nenne. Und ich wage zu sagen, daß diese Überwindung des geschichtlichen Mythos kein ausschließliches Vorrecht des Ostens oder des christlichen Abendlands ist, sondern eine For-

derung des aktuellen Lebens des *homo sapiens* als solchem, der, nachdem er die Vorgeschichte überlebt hat, jetzt den Sprung über die Geschichte hinaus tun muß, um weiterleben zu können. Die Christus-Wirklichkeit zu enthistorisieren, bedeutet aber nicht, ihre historische Faktizität zu leugnen, sondern einfach, ihre Geschichtlichkeit nicht mit ihrer Wirklichkeit gleichzusetzen. Die Trinität, von der wir sprechen wollen, ist weder eine vom Himmel gefallene, zeitlose, absolute Wahrheit, noch die Deutung eines Ereignisses, das sich in der Geschichte erschöpft. Es handelt sich weder um eine Stillegung des Lebens durch epistemologische und axiologische Absolutismen, noch um eine Reduzierung auf historische Zufälligkeiten, noch darum, einigen davon gegenüber anderen den Vorzug zu geben. Das Dilemma besteht nicht in der Frage, ob Relativismus oder Absolutismus, sondern es geht um die Erkenntnis der radikalen Relativität der gesamten Wirklichkeit. Und damit nähern wir uns dem trinitarischen Geheimnis.

Wiederholen wir noch einmal, daß es nicht darum geht, »den Gott der Geschichte« zu verteidigen, sondern zu verstehen, daß die »Geschichte Gottes« in die Geschichte des Menschen und des Kosmos eingebunden ist und daß jegliche Geschichte überwunden werden muß. Ich erkläre ausdrücklich, daß die Befreiung von der Geschichte nicht bedeutet, die Wirklichkeit des historischen Ereignisses zu leugnen oder sich vom Kampf für die Befreiung der Völker fernzuhalten. Aber wir dürfen darin nicht ersticken. Wir sind weder Sklaven des Schicksals, noch liegt das Schicksal in unserer Hand. Wir selbst sind die Hände des Schicksals – eines Schicksals, das höher ist als wir, in dem das Göttliche ebenfalls mitbetroffen ist. Darin besteht die Würde des Menschen.

Anders ausgedrückt, gehört die Befreiung des Menschen, einschließlich seiner politischen Befreiung – das sei heute besonders betont –, zu derselben Dynamik der Trinität. Diese Dynamik ist auch der *Nixus* (Schwung) des echten spirituellen Lebens. Die trinitarische Spiritualität spaltet sich nicht in eine Dichotomie von Aktion und Kontemplation; noch erschöpft sie sich in einem sterilen Aktivismus, noch vertrocknet sie in einem nutzlosen Quietismus. Die sogenannte Praxis der Gegenwart Gottes besteht nicht in unserer Wahrnehmung der Gegenwart eines anderen, der uns begleitet oder in unserem Inneren wohnt, auch nicht darin, die sich selbst genügende und mehr oder weniger willkommene Präsenz eines göttlichen Wesens in uns zu empfinden. Sie besteht vielmehr darin, sich existentiell Rechenschaft zu geben, oder, besser gesagt, in dem Akt, bewußt und frei an der Explosion des Lebens teilzunehmen, die dasselbe kosmotheandrische Abenteuer der Wirklichkeit darstellt. Und heute verdichtet sich dieses Bewußtsein gerade in den Schmerzen der Menschheit und der Erde, die einer systematischen und systematisierten Ungerechtigkeit unterworfen sind. »Selig sind, die hungern und dürsten nach der Gerechtigkeit«, denn gerade sie nehmen an der Aufgabe der Trinität teil. Ist es nicht vielleicht dies, was »gesättigt sein« bedeutet? In der wahren Theologie – ich würde sie lieber eine Philosophie nennen – geht es um Leben oder Tod.

Die Hoffnung, daß diese knappe Studie dazu beitragen möge, eine befreiende Praxis auszulösen, ist vielleicht der Grund, der mich zu ihrer Veröffentlichung bewogen hat.

Diese Studie wurde vor dreißig Jahren in Uttarkâshi, im Herzen des Himalaya, in einer kleinen Hütte an den Ufern des Ganges niedergeschrieben. Die Tatsache, daß meine Stille durch Swami Abhishiktânanda unterbrochen oder auf die Probe gestellt und ganz gewiß bereichert wurde, veranlaßte mich, meine Gedanken zunächst auf französisch zu verfassen. Es war Mary Rogers, der ich hiermit meinen Dank abstatte, die das unveröffentlichte französische Manuskript für eine indische Ausgabe ins Englische übersetzte, die 1970 erschien. Ich habe den gesamten Text für die englische Ausgabe in einer anderen, beinahe auf der anderen Seite der Erdkugel gelegenen kleinen Stadt, diesmal an den Gestaden des Pazifischen Ozeans, überarbeitet. Die menschliche und physikalische Geographie hat daher als ein anregendes Element für den ökumenischen Charakter dieser äußerst

dichten Seiten eine gewisse Rolle gespielt. Heute bleibt jedes menschliche Problem, das nicht einem für die ganze Menschheit offenen Panorama gegenübergestellt wird, an den Grenzen des Oberflächlichen hängen, ohne menschliche Tiefen zu erreichen, ohne in das Herz der Materie oder an die Grenzen des Göttlichen vorzudringen. Andererseits bleibt jedes menschliche Problem, das sich auf den Bereich des Abstrakten beschränkt, sich weder konkretisiert noch einen Sitz im Leben hat, notgedrungen an der Oberfläche und fischt in den trüben Gewässern bloßer Verallgemeinerungen.
Es ist einfach z.B. falsch zu behaupten, daß der trinitarische Begriff des Höchsten, und damit der gesamten Wirklichkeit, eine ausschließlich christliche Vorstellung oder Offenbarung sei.
Jahrelang war ich im Zweifel, ob ich diese Notizen veröffentlichen sollte oder nicht. Ich fragte mich, ob ich sie nicht lieber in einem umfangreicheren Buch darlegen sollte, mit der ganzen wissenschaftlichen und theologischen Dokumentation, die für eine vollständigere Darstellung und Rechtfertigung meines Standpunkts nötig wäre. Dennoch habe ich mich, wenngleich mit dem Risiko, hier nur einen vorläufigen Entwurf bieten zu können, schließlich dafür entschieden, diesen Abriß anderen mitzuteilen, damit er berichtigt und erweitert, und auch erfahren und durchlebt werden möge. Der angekündigte Dialog hat in den zahlreichen Rezensionen der englischen Ausgabe dieses Werkes stattgefunden, sowie in den vielen ihm gewidmeten Studien. Ich möchte eine lange Besprechung in spanischer Sprache von José Vives hervorheben, die in *Actualidad bibliográfica*, Nr.22 (Dezember 1974), S.301- 312, erschienen ist.
Die deutsche Übersetzung basiert auf der letzten, aktualisierten spanischen Ausgabe »La Trinidad y la experiencia religiosa« (Barcelona 1989) unter Zuhilfenahme des englischen Textes aus dem Jahr 1973.
Ich möchte dazu noch eine letzte Bemerkung anbringen. Wenn ich mich entschlossen habe, diesen Text in seiner gegenwärtigen Form zu veröffentlichen ohne die vielen Anmerkungen, die ihm eine größere Autorität hätten verleihen können, so geschieht dies ausdrücklich

deshalb, weil es sich mehr um eine Meditation als um eine gelehrte Untersuchung handelt, mehr um eine mystische und »betende« Theologie als um eine analytische und reflexive Philosophie (obgleich wir uns hüten müssen, diese Unterscheidung bis zur Dichotomie zu treiben). Die folgenden Seiten wurden im Glauben, in der Hoffnung und in der Liebe durchlebt. Ich halte mich an die Vergangenheit, da ich von meinem gegenwärtigen Leben nicht sprechen kann…

Die Frage beginnt mit einem semantischen Problem. Nichts ist so leidvoll wie das, was der heilige Thomas von Aquin, als er sich mit demselben Mysterium befaßte (*S.Th.* I,37,1), *inopia vocabulorum*, das Elend der Worte, nannte. Der Aufruf zum Schweigen kann manchmal fast bedrückend und oft zwanghaft werden (»ein Abgrund, der einen anderen Abgrund anruft«. Psalm 42(41), 7). Denn das Wort ist dem Menschen eingeboren. Noch mehr, die Wahrheit manifestiert und verbirgt sich in der Deutung, und wir können auf die Wahrheit nicht verzichten, auch wenn jedes Wort, mit Ausnahme des Höchsten Wortes, zugleich eine Lüge enthält, da es doch immer mehr oder weniger das aussagt, was der Sprechende oder die Hörenden zu begreifen vermögen.

Die einzig humane Art und Weise, dieser Falle der Worte (in unserem Kontext, »Gott«, »Person«, »Mensch«) zu entgehen, besteht darin, zu dem *nexus mysteriorum*, wie die Überlieferung den inneren Zusammenhang und die Wechselbeziehung der letzten Geheimnisse der Welt zu nennen pflegt (*Denz.* 3016), Zuflucht zu nehmen. Das ist die plausible Stimmigkeit eines Wortgefüges innerhalb einer vorgegebenen Anschauung des Kosmos, in der ein Begriff den anderen trägt und ein Konzept sich in den von einem anderen geschaffenen Platz einfügt, so daß sich ein zusammenhängendes und harmonisches Weltbild darbietet. Gerade wegen dieses Zusammenhangs müssen die Worte, wenn der Bezugsrahmen sich ändert, einen ähnlichen Prozeß durchmachen, um die ursprünglichen Inhalte vermitteln zu können. Der Text hängt immer vom Kontext ab, und wenn dieser sich wandelt, muß auch jener sich entsprechend verändern, damit seine Botschaft oder ursprüngliche Bedeutung erhalten bleibt. Nur gegen den Hintergrund unseres Wirklichkeitsverständnisses, das unser aktueller Mythos ist (als der höchste Bezugsrahmen, den wir als gegeben annehmen), sind unsere Worte und Begriffe sinnvoll. Auf diese Weise, mittels einer Rekonstruktion oder, anders gesagt, mittels einer neuen Inkarnation der überlieferten Erfahrungen der Tradition, können wir diesen Erfahrungen treu bleiben, und so können wir sie vertiefen und die wahre Überlieferung fortsetzen. Die echte Überlieferung besteht nämlich nicht in der Vermittlung toter Formeln oder anachronistischer Bräuche, sondern darin, daß wir die Fackel des Lebens und der Erinnerung der Menschen weitertragen. Es gibt keinen *Logos* ohne *Mythos*, noch gibt es einen *Mythos* ohne *Logos*. In jedem *Logos* steckt ein *Mythos*, jener *Mythos*, der den *Logos* zum Ausdruck hat. In jedem *Mythos* steckt ein *Logos*, jener *Logos*, den der *Mythos* ermöglicht.

Mythos und Logos begegnen sich im Symbol. Der Mensch kann ohne Symbole nicht leben. Das Symbol ist die wahre Erscheinungsform der Wirklichkeit, die konkrete Gestalt, in der die Wirklichkeit sich unserem Bewußtsein offenbart. Im Symbol erscheint uns das Wirkliche. Das Symbol ist nicht die Wirklichkeit (die sozusagen niemals nackt existiert), sondern ihre Manifestation, ihre Offenbarung. Das Symbol ist keine andere »Sache«, sondern die Epiphanie jener »Sache«, die in jedem Fall ohne ihr Symbol nicht-ist, denn letztlich ist das Sein selbst das höchste Symbol. Jedes echte Symbol umfaßt und vereinigt die symbolisierte »Sache« mit dem Bewußtsein derselben.

All dies soll nicht bloß der Verteidigung meiner eigenen Formulierungen über die Trinität dienen. Es geht mir vielmehr um ein universelleres Prinzip hinsichtlich der Worte und Sätze. Von dem Augenblick an, in dem die Worte nur noch das ausdrücken, was man sagen möchte, und keinen Raum lassen für das, was ein anderer sagen möchte, verfallen sie. Von dem Augenblick an, in dem sie zu bloßen Zeichen werden und aufhören, Symbole zu sein, in dem sie nur noch etwas benennen und nicht mehr der Ausdruck, die Offenbarung und eben damit der Schleier jenes »Etwas« sind, verwandeln sie sich in bloße Instrumente zur Vermittlung verschlüsselter Botschaften, die nur jenen zugänglich sind, die von vornherein den Schlüssel dazu besitzen. Es sind Begriffe, Zeichen, und nicht mehr eigentliche Worte, Symbole. Dann können die Begriffe sich sehr leicht in Machtwerkzeuge in den Händen derer verwandeln, die ihre Bedeutung diktieren oder die Schlüssel zur Entzifferung der Zeichen kennen. Es ist nicht nötig, diese Zeichen zu deuten oder gar zu verstehen. Es sind lediglich Weisungen oder Ermahnungen zur Orientierung eines jeden, aber sie sind nicht Teil des eigenen Selbst, noch sind sie Offenbarungen der Wirklichkeit. Man kann mit diesen Zeichen nicht spielen oder beten, noch weniger sein. Man kann mit diesen schlecht benannten »Wörtern« nicht wahrhaft reden, sondern sie nur wiederholen und diejenigen nachahmen, die diese Macht über uns ausüben. Wenn eine Redensart nur das bezeichnet, was man sagen möchte, und die Teilnahme des anderen an der Sinngebung des Wortes ausschließt, dann wird dieses steril. Dann schließt die Redensart nur denjenigen ein, der sie ausspricht, während der Hörende draußenbleibt, statt einen Kommunikationsfluß zwischen beiden zu gewährleisten, die eben dadurch imstande wären, einander näherzukommen, sich gegenseitig zu befruchten und sich gemeinsam der Wirklichkeit, der Wahrheit anzunähern. Denn jedes lebendige Wort ist ein Dialog.

Wahrhafte Worte sind nicht bloße Instrumente in den Händen einiger weniger, sondern sie haben teil an der menschlichen, kosmischen sowie göttlichen Interaktion, und sie haben die Bedeutung, die wir alle ihnen übereinstimmend im Akt des dialogischen Austausches zuerkennen. Andernfalls sind es keine lebendigen Worte: Sie sind tot.

Mit tiefer Weisheit wurden in Indien bestimmte verdichtete und oft rätselhafte Sprüche wie Kristallisationen einer Anzahl von Worten als *sûtras* bezeichnet, das heißt soviel wie Fasern, Fäden, die uns in einer aphoristischen, »keimhaften« Weise mit einigen der großen Intuitionen der Menschheit zu verbinden suchen. Ein *sûtra* ist wie eine Naht; sie hält nicht kraft eines künstlichen Eingriffs, sondern durch das Vermögen der Dinge selbst die komplexen Gedanken der geschliffensten Traktate zusammen und verbindet uns mit der in den entsprechenden *sûtras* offenbarten und verborgenen Wirklichkeit.

Diese Studie ist gewiß keine Abhandlung, noch kann sie ein *sûtra* sein, denn die Abhandlung, aus der das *sûtra* gezogen wäre, ist noch nicht geschrieben. Dennoch ist der Autor der Meinung, daß er nicht irgend eine private Ansicht zum Ausdruck bringt, sondern das Paradigma einer Erfahrung, die in unserer Zeit dazu bestimmt ist, immer häufiger aufzutreten: nämlich die Erfahrung, verschiedene jener Erzadern, in denen sich die grundlegenden Intuitionen der Menschheit angereichert haben, im eigenen Inneren zu vereinigen oder, besser gesagt, zu verdichten. Wir wollen nicht länger nur die Kinder von Eva, Manu, Israel oder Ismael sein: Wir wollen Kinder des Menschen sein.

Die verschiedenen Wesensmerkmale, die ich hier betrachten möchte, sollen zusammen ein Geflecht ergeben, das eine der tiefgründigsten Intuitionen nachzeichnet, die der Mensch je hatte und immer noch hat, von je unterschiedlichen Gesichtspunkten aus und unter verschiedenem Namen: die Intuition der dreifachen Struktur der Wirklichkeit, der triadischen Einheit, wie sie auf allen Ebenen des Bewußtseins und der Wirklichkeit existiert, der Dreifaltigkeit oder Trinität. Wir behaupten nicht, daß die Idee der Trinität auf die Entdeckung einer dreifachen Dimension des Seins reduziert werden könne, noch daß dieser Aspekt eine bloß rationale Entdeckung sei. Wir behaupten lediglich, daß die Trinität der Gipfelpunkt der einen Wahrheit ist, die alle Bereiche des Seins und des Bewußtseins durchdringt, und daß diese Vision uns mit allen Menschen verbindet.

In Zeiten der Krise und des rapiden Wandels besteht eine der größten Gefahren und Versuchungen darin, daß man nicht genügend radikal ist, weil einem Geduld und Tiefe mangeln, die beide nötig sind, um die Situation an der Wurzel zu packen. Wir meinen die Gefahr der Banalität, das Verharren an der Oberfläche der Dinge und Ereignisse, das Sichzufriedengeben mit Statistiken und einer gewissen Sorte soziologischer Beschreibungen. Der Zweck dieses Versuchs ist genau das Gegenteil einer Eskapade in rein »spekulative« oder »theologische« Bereiche, als verzweifelte Zuflucht aus dem Alltag oder den menschlichen Problemen, die uns täglich von überallher bedrängen. Das Leben in Europa, Indien und Amerika hat mich gelehrt, daß es keine *dringlicheren* Fragen gibt als die grundlegend *wichtigen*, und daß es keine schmerzlichere Not, keinen quälenderen Durst gibt als das Verlangen, sich mit konkreten menschlichen Problemen auseinanderzusetzen, nicht nur in globaler Form, sondern in ihrer wesentlichen Bedeutung und auf der Ebene ihrer tiefsten Wurzeln. Der Mensch lebt nicht vom Brot allein, aber auch nicht nur von Worten. Weder genügt allein die Materie noch der Geist; noch kann der Mensch ohne Gott sein, noch Gott ohne den Menschen. Ist nicht die Dreifaltigkeit der »Ort«, wo Brot und Wort sich begegnen? Ein nicht-dreifaltiger Gott kann sich mit dem Menschen nicht »vermischen«, noch weniger sich mit ihm vereinigen, ohne sich selbst zu zerstören. Er müßte entfremdet und isoliert bleiben. Keine Form der Fleischwerdung, der Herabkunft und der wirklichen Offenbarung wäre möglich. Er würde aufhören, Gott zu sein, wenn er sich in einen Menschen verwandelte. Ein Mensch, der nicht trinitarisch wäre, könnte aus seinem kleinen »Selbst« nicht herauskommen. Er könnte nicht das sein, was er sein möchte und so glühend begehrt, ohne sich selbst zu zerstören. Er müßte entfremdet und isoliert bleiben. Keine Weise der Vergöttlichung, der Verklärung oder Erlösung wäre möglich. Er würde aufhören, Mensch zu sein, wenn er sich in Gott verwandeln würde. Der Mensch würde an sich selbst ersticken, und Gott würde an Selbstauszehrung zugrundegehen, wenn es die trinitarische Struktur der Wirklichkeit nicht gäbe.

Von dieser Perspektive aus betrachtet, ist die Trinität eine der tiefsten und universellsten Visionen, die der Mensch von sich selbst und von Gott, von der Schöpfung und vom Schöpfer haben kann. Sie ist nicht nur eines der (theoretisch) *wichtigsten* Probleme, sondern auch eine der (praktisch) *dringlichsten* Fragen. Sie entspringt derselben Wurzel wie unsere menschliche Situation und steht in direktem Bezug zu Fragen wie derjenigen nach einer gerechteren Gesellschaft und einer ganzheitlicheren menschlichen Persönlichkeit. Frieden und menschliches Glück, die Bereitschaft zu wirken, die Ziele einer Handlung und die Inspiration in der Kunst stehen als Werte nicht ohne Beziehung zueinander, noch sind sie unabhängig vom höchsten Horizont des menschlichen Daseins. Sie hängen in hohem Maße davon ab, wie der Mensch den darunter liegenden Mythos lebt, welche Vorstellung er von seiner Situation und seiner Rolle im Leben hat. Diese Probleme stehen in direkter Verbindung zur Trinität. Die Lehre der Trinität zielt nämlich nicht nur auf die Befriedigung unserer Neugier bezüglich der »immanenten« Trinität als einer internen Angelegenheit Gottes (*ab intra*). Sie verbindet das immanente Mysterium mit dem »ökonomischen« Gott (*ad extra*), so daß das Schicksal der Welt als Gesamtheit auf dem Spiel steht. Dies ist keine bloße Spekulation über die Tiefgründigkeit Gottes, sondern gleichzeitig eine Analyse der Erhabenheit des Menschen. Es ist eine Offenbarung Gottes in dem Maße, wie es eine Offenbarung des Menschen ist.

So löst sich zum Beispiel das bedrückende moderne Dilemma eines wenig überzeugenden, überlieferten Theismus' einerseits und eines noch weniger überzeugenden, modernen Atheismus andererseits mittels des trinitarischen Konzepts auf. Die Trinität macht nämlich die Betrachtung Gottes entweder als Substanz (was einen Modalismus oder Tritheismus bedeuten würde) oder als das gänzlich »andere« (was einen unlösbaren Dualismus darstellen würde) unmöglich. »Gott« ist *nomen potestatis non proprietatis*, ein Name, der eine Funktion der Macht, und nicht ein ontologisches Attribut bezeichnet. Dies besagt ein altes Bekenntnis des christlichen Credos, die *Fides Damasi* (*Denz.* 71). Sich von der Vorstellung eines »Gottes« zu lösen, der ständig prüft und richtet, eines Gottes, der den Menschen seiner letzten Verantwortung beraubt und unerträgliche menschliche Verhältnisse zuläßt, stellt einen Fortschritt in der Reifwerdung des Menschen dar, sofern er nicht dem anderen Extrem des Dilemmas verfällt: einem kurzsichtigen Atheismus, der sich der wahren Transzendenz ebenso verschließt wie der echten Immanenz. Die Idee der Trinität hält an einer Öffnung im menschlichen Dasein fest, bürgt für unendliche Möglichkeiten und bietet, obwohl sie die atheistische Kritik gelten läßt, die Möglichkeit der Hoffnung und die Garantie der Freiheit. Die Trinität offenbart, daß es Leben sowohl in der Gottheit als auch im Menschen gibt, daß Gott weder ein Götzenbild noch eine Idee, noch ein bloßes Ideal des menschlichen Bewußtseins ist. Dennoch ist er weder eine andere Substanz noch eine separate Realität, die vom Menschen abtrennbar wäre.

Es macht keinen Sinn, die Verständigung in einem gemeinsamen Nenner zu suchen, indem man von allem absieht, was positiv, wertvoll und unterscheidend ist und sich nur auf das Irrelevante und Banale fixiert. Wahre Verständigung ist nicht zu gewinnen, indem man die theistischen Behauptungen fallen läßt und an den atheistischen Überzeugungen rüttelt, sondern indem man beide transzendiert.

Dasselbe läßt sich auch im Hinblick auf die verschiedenen Weltreligionen sagen. Ein Bündnis zum Kampf gegen den »Unglauben« oder zur Verteidigung der »religiösen Werte« stellt keine Gemeinsamkeit unter den Religionen her, sondern lediglich eine Art Parteistrategie. Wenn die Weltreligionen zu einer Verständigung kommen und dem heutigen Menschen dienen sollen, müssen sie die »heiligen Allianzen« vergessen, Monopolansprüche überwinden und sich den zentralen und fundamentalen Fragen stellen, indem sie jene Ebenen wiedergewinnen, auf denen ein Verständnis ohne Kompromiß und Konformität möglich ist. Die Vertiefung in die trinitarische Struktur der religiösen Erfahrung und der Formen menschlichen Glaubens kann hier ebenfalls eine Möglichkeit der Befruchtung, der Verständigung und Zusammenarbeit bieten, nicht nur unter den Religionen selbst, sondern auch zwischen diesen und dem modernen Menschen, der von den religiösen Spitzfindigkeiten, denen er nicht folgen kann, so oft ausgeschlossen ist.

Ich muß diese Vorrede mit einigen Worten aufrichtiger Demut beschließen. Der Autor ist zwar von allem, was er sagt, überzeugt; doch ist er ebenso davon überzeugt, daß alles, was er sagt, nicht das ist, was er sagen möchte, weil er keine bessere Form kennt, das Eigentliche zum Ausdruck zu bringen; und solange sich kein zuverlässiger Dialog etabliert hat, kann er es auch nicht besser sagen. Er ist außerdem davon überzeugt, daß das, was er sagt, nur eine Hypothese ist, eine Andeutung und eine Einladung, diesen Pfad zu betreten, auf dem göttliche Tiefe und menschliche Erhabenheit sich begegnen, wo die nötigen Unterscheidungen zwischen Philosophie und Theologie, Materie und Geist, Vernunft und Glaube, Gott und Mensch, der einen religiösen Tradition und der anderen nicht verwechselt, wo sie aber auch nicht völlig voneinander getrennt werden.

Eine Idee, so läßt sich sagen, steht in den folgenden Seiten im Mittelpunkt: eine Wirklichkeitsschau, die kosmotheandrisch und daher nicht-dualistisch ist. Ich möchte diese Idee in drei kurzen Paragraphen zusammenfassen.

1. Der erste bezieht sich auf die Allgemeingültigkeit der Erfahrung und auf die Wirklichkeit der genannten drei Personen (im Singular und im Plural), die durch die Personalpronomina dargestellt werden. Es gibt Sprachen, die das Verbum »sein« nicht besitzen, jedoch dasselbe Wort als Substantiv kennen. In einigen gibt es keine scharfe Unterscheidung zwischen Nomina und Verben. In keiner bekannten Sprache fehlt jedoch das »Ich, Du, Er« mit ihren entsprechenden Formen nach Zahl und Geschlecht. In dieser äußersten und universellen Struktur spiegelt sich das Trinitarische. Theologisch gesprochen: Weil es die Trinität »Ich, Du, Er« mit Zahl und Geschlecht gibt, ist auch die menschliche Erfahrung so beschaffen. Daher er-

scheint die Trinität als das wesentliche Paradigma der persönlichen (weder substantiellen noch verbalen) Beziehung.

2. Der zweite Punkt bezieht sich auf die radikale Wechselbeziehung aller Dinge, die trotz der künstlichen Trennungen besteht, die unsere Vernunft zu setzen geneigt ist, wenn sie in ihrem Bedenken des Wesenszusammenhangs alles Seienden die nötige Geduld und Demut vermissen läßt. Diese Beziehungen umfassen und konstituieren das gesamte Gerüst der Wirklichkeit. Die Trinität als reine Beziehung faßt die radikale Relativität alles Seienden zusammen.

3. Der dritte Punkt bezieht sich auf die grundlegende Einheit der Wirklichkeit, die von der Vielfältigkeit des Universums nicht verschleiert werden sollte. Die Mannigfaltigkeit des Seienden, einschließlich der theologischen Unterscheidung zwischen dem Göttlichen und dem »Geschaffenen«, oder zwischen Gott und der Welt, sollte die grundlegende Einheit der Wirklichkeit nicht verdunkeln. In der menschlichen Erfahrung der Person finden wir den Schlüssel zu jenem Mysterium der Einheit und Vielfalt, und die Trinität bietet uns ein optimales Modell dieser allesdurchdringenden Beschaffenheit der Wirklichkeit. Die Person ist weder eine monolithische Einheit noch eine zusammenhanglose Pluralität. Von einer einzelnen, isolierten Person zu reden, ist ein reiner Widerspruch. Die Bezeichnung »Person« setzt eine wesensmäßige Beziehung voraus, die in den Personalpronomina zum Ausdruck kommt. Ein *Ich* impliziert ein *Du*, und während diese Beziehung besteht, ist zugleich ein *Er/Sie/Es* mitbedingt als der Raum, in dem die Beziehung von *Ich-Du* gründet. Eine *Ich-Du*-Beziehung bedingt in gleicher Weise eine *Wir-Du*-Dimension, die ein *Sie* (Plural) einschließt in der Form, wie *Er/Sie/Es* im *Ich-Du* enthalten ist. Andererseits erlaubt die Person, streng genommen, keinen Plural und ist daher nicht quantifizierbar. »Fünf Personen« sind nicht mehr oder weniger als »zehn Personen«. Mit diesen Ziffern wollen wir lediglich Individuen

bezeichnen, doch das Individuum ist nicht deckungsgleich mit der Person, sondern lediglich eine aus pragmatischen Gründen gesetzte Abstraktion. Was wir allgemein als Person bezeichnen, ist dasjenige, was die Struktur eines *Du* darstellt, die zweite Person, wenn wir uns noch der »personalistischen« Sprache bedienen wollen. Mit Hilfe dieses Modells können wir die Trinität besser verstehen, und gleichzeitig eröffnet das Mysterium des Trinitarischen uns die Möglichkeit, die höchste Wesensbeschaffenheit des Wirklichen zu erfassen.

Doch um all dies weiter auszuführen und zu begründen, bräuchten wir die »Abhandlung«, auf die wir eingangs hingewiesen haben, und was wir jetzt im folgenden bieten, ist nur eine Einladung, am Geschenk des Lebens intensiver teilzunehmen.

Caritas Pater est.
Gratia Filius.
Communicatio Spiritus Sanctus.
O beata Trinitas!

Santa Barbara, Kalifornien, Ostern 1973
Tavertet, Pfingsten 1988/1993 Raimon Panikkar

Einführung

Es gibt einen bestimmten Begriff von der Religionswissenschaft, dem es an Vitalität mangelt, einen »steriliserten«, könnten wir sagen, der ständig dazu neigt, sich auf der Ebene des Phänomens aufzuhalten, und der die Religionen einzig und allein als historische Fakten betrachtet, die von ihren kulturellen Erscheinungsformen her beurteilt werden. Das führt in der Praxis zu einer Identifizierung der Religionen mit ihren *soziologischen Erscheinungsformen*, das heißt, mit dem »Gewand«, das sie in einer bestimmten Umwelt tragen. Wenn man dann eine Religion, von außen betrachtet, mit dem Glauben und den tiefen Werten einer anderen, von innen her erlebten Religion oder Kosmovision vergleicht, kann das Ergebnis nur ein negatives für die erstere sein. Es liegt auf der Hand, daß ein methodologischer Fehler dieser Art sofort jegliche Schlußfolgerung, die man aus einer solchen Analyse meint ableiten zu können, ungültig macht. Daher ist es unabdingbar, »in das Innere« der Religionen einzudringen, wenn man zu einer authentischen Religionswissenschaft und zu einer angemessenen Unterscheidung der Geister gelangen will.
Umgekehrt könnte man denken, daß die eigene Religion, wenn sie gläubig und von innen her gelebt wird, *ipso facto* gezwungen ist, die anderen Religionen abzulehnen oder ihnen zu widersprechen. Ist es denn möglich, wenn man ehrlich und überzeugt einer bestimmten Religion anhängt, eine gerechte und vorurteilslose Haltung gegenüber einer anderen Religion einzunehmen? Erfordert der zeitgenössische Dialog, um aufrichtig zu sein, nicht das Aufgeben oder wenigstens eine methodologische *epoché*, ein Einklammern oder einen Akt der Suspendierung der eigenen Überzeugungen? Indem die Religionswissenschaft diese letztere Frage bejahte, hat sie dafür optiert, sich am Rande eines religiösen Kompromisses zu bewegen, und meinte,

ihre Unparteilichkeit auf diese Weise zu bewahren. Doch als Folge dieser scheinbaren Neutralität landet man bei einer grundsätzlich verkehrten Deutung gerade des Kerns des religiösen Glaubens. Das kommt daher, daß auch der Glaube des Gläubigen (*Pisteuma*) – und nicht nur die objektivierbare Lehre – seinem Wesen nach dem religösen Phänomen zugehört und nicht ohne eine gewisse Teilhabe daran zu verstehen ist.

Die Phänomenologie, obwohl sie den Vergleich der religiösen Phänomene ermöglicht, gelangt höchstens zu einem Vergleich ihrer Strukturen oder Lehren; sie vermag nicht, an die Stelle einer Religionsphilosophie (oder Theologie) zu treten, die als einzige in der Lage ist, ein wechselseitiges und in die Tiefe gehendes Verständnis der Botschaften der verschiedenen Religionen zu fördern und eine gegenseitige Befruchtung zu ermöglichen.

In der vorliegenden Untersuchung wollen wir uns einem Verständnis der echten Innerlichkeit der Religionen zunächst aus einer christlichen Perspektive nähern, jedoch nicht in ausschließender Weise, in der Hoffnung, daß andere Gesichtspunkte in den Dialog einfließen können. Es möge mir daher erlaubt sein, mich auf ein aufrichtiges Selbstgespräch einzulassen, das, wie ich hoffe, einen Dialog entzünden kann, indem ich den mir entsprechenden Teil deute, der Tatsache jedoch immer bewußt bleibe, daß auch die vollkommenste Melodie nur ein kümmerlicher Ersatz für die große Symphonie ist, auf die wir hoffen und die wir glühend ersehnen.

Jeder Christ, der seinen Glauben lebt und eine persönliche Erfahrung des Mysteriums Christi gemacht hat, wird sich weigern, die christliche Wirklichkeit auf den Bereich seiner individuellen Erfahrung einzugrenzen, auch wenn eine solche Erfahrung noch so wertvoll und wesentlich erscheinen mag. Noch weniger wird er die Einschränkung dieser Wirklichkeit auf einen begrenzten Ausdruck des Christentums akzeptieren, wie es in irgend einer bestimmten geschichtlichen Periode in Erscheinung trat. Von innen her gesehen und erlebt, ist die vom Glauben entdeckte Wirklichkeit etwas viel Tieferes als alle individuellen und sozialen Formen, die er annehmen kann, etwas viel Reicheres als jede nur mögliche Übersetzung in kulturelle, philosophische, theologische oder auch religiöse Begriffe, die der Mensch zur Erklärung anführen könnte. Dasselbe gilt natürlich auch für jeden anderen traditionellen Glauben.

Es ist ein bemerkenswertes Paradox: Je mehr eine Person ihren Glauben subjektiv lebt, je mehr sie ihn assimiliert und sich zu eigen macht, ein desto größeres Bewußtsein seiner Objektivität und desto mehr Ehrfurcht vor ihr wird sie bekommen und gleichzeitig einen Rest entdecken, der sich nicht assimilieren läßt. Mit einem Wort, es besteht eine positive und strenge Korrelation zwischen einer ganz echten Subjektivität und einer ganz wahrhaften Objektivität. Die modernistische Subjektivität ist deshalb ein Irrtum, weil sie die Objektivität ausschaltet, aber ein noch größerer Irrtum ist die konservative Objektivität – und der Legalismus –, der jede wahrhafte Subjektivität erstickt.

Die Unterscheidung zwischen *Wesen* und *Form* ist heute für jedes religiöse und insbesondere für das christliche Bewußtsein von großer Bedeutung. Sein Anspruch der Katholizität und Universalität erfordert, daß es sich von jeder kulturellen Einkleidung dissoziiert. Das aber fällt dem Christentum besonders schwer wegen des erdrückenden griechischen Erbes, das auf eine schier unwiderstehliche Weise dazu verführt, die *morphé*, die »Form« einer Sache, als ihr Wesen zu betrachten. In einer Theologie und Philosophie, in der *nâmarûpa*, Name und Form, auf die eine oder andre Weise Ausdruck der schlichten Erscheinung der Dinge ist, wäre ein Wechsel der Formen viel einfacher. Außerdem ist jeder Wechsel der *logoi* hochgradig verdächtig in einer Kultur, die trotz einer fortschreitenden Säkularisierung des Begriffes *logos* (bis hin zum Extrem seiner Einschränkung auf den Verstand, als ob dieser ein Synonym des *logos* wäre) nicht ganz ihren göttlichen Ursprung vergessen hat und daher noch atavistische Spuren einer der Gottheit schuldigen Ehrfurcht bewahrt. Trotzdem ist diese Spur nicht die einzig mögliche Weise, jenen anzunehmen und zu erkennen, der sagte: »Der Vater ist größer als ich«, und den Titel des »Guten« rundweg von sich wies, jenen, der von allem entblößt und entäußert wurde und uns sagte: »So das Weizenkorn nicht in die Erde fällt und stirbt...« Wir können noch weiter gehen: Die christliche Entblößung muß vollständig sein. Der Glaube des Christen müßte sich freimachen von der »christlichen Religion«, wie sie tatsächlich existiert, und in der Freiheit bleiben, um die Befruchtung herbeizuführen, die sich auf alle Religionen auswirken würde, ebenso auf die alten wie auf die modernen. Von einem soziologischen und äußerlichen Standpunkt ist das Christentum nur eine Religion unter anderen. Daher kann es mit den übrigen verglichen werden und ist also nur eine weitere unter diesen. Aus einer soziologischen und »wissenschaftlichen« Perspektive kann das Christentum daher nicht mehr als *die* Religion schlechthin betrachtet werden, als ob die übrigen Religionen dies nicht oder falsche Religionen wären. Im Gegenteil, der christliche Glaube – andere mögen vorziehen, ihn einfach menschlich zu nennen – führt zur *Fülle* und deshalb zur *Bekehrung* jeder Religion, wenngleich dann das spezifisch Christliche ein Problem wird, das über den Rahmen dieser Studie hinausgeht.

Der christliche Glaube lebt jedoch in der Zeit und im Herzen der Menschen und verlangt daher die »Inkarnation« in einer konkreten historischen Gestalt. Das von uns so genannte Christentum ist aber nur eine unter anderen möglichen Formen, den christlichen Glauben zu leben und zu verwirklichen. Tatsächlich ist die dominierende Form des Christentums in der Wirklichkeit unbestreitbar jene, die es nach und nach im Lauf der abendländischen Geschichte angenommen hat. Dennoch haben wir kein Recht, diese besondere soziologische Form mit dem christlichen Glauben an sich gleichzusetzen. Wenn man das tut, würde man einerseits einen mit der Katholizität unvereinbaren Partikularismus und andererseits einen anachronistischen theologischen Kolonialismus voraussetzen, der völlig unannehmbar wäre.

Die Dynamik der Geschichte läßt sich von einem bestimmten Punkt an nicht aufhalten. Noch weniger ist es möglich, ganz von vorne, *ab ovo*, wiederanzufangen. Die Formen oder aktuellen Ausdrucksweisen des Christentums, sowie der Theologien, können hinfällig werden, aber wir können uns ihrer nicht entledigen oder sie durch andere ersetzen, die uns in der heutigen Lage vielleicht angemessener erscheinen, ohne die Rechte der Überlieferung, das heißt das historische Band zwischen der Vergangenheit und Zukunft, zu berücksichtigen. So zu handeln, wäre nicht nur brutal, sondern auch falsch und letztlich unmöglich. Die Kontinuität darf nicht zerrissen werden; die Entwicklung muß harmonisch verlaufen, die Bereicherung in einer progressiven Form und die Wandlung auf natürliche Weise geschehen. Dieser Prozeß kann durch eine Assimilation neuer Werte *sui generis* vollendet werden oder durch ein Hervortreten bestimmter, bisher vergessener Aspekte; kurz gesagt, durch einen lebendigen Wachstumsvorgang, in dem der Ersatz sich weniger durch Ablehnung als durch Übernahme vollzieht.

Dieser Prozeß ist vor allem durch eine ständige, doch heutzutage immer dringlicher werdende Forderung nach Wahrheit geboten. Das macht den wahren *kairos*, den schicksalhaften Augenblick unserer Zeit aus; einen *kairos*, der sich in diese moderne Welt geworfen sieht, die den überlieferten Religionen mit ihren Werten mißtraut, die religiös zu nennen sie sich weigert, und zugleich in eine wechselseitige Begegnung dieser Religionen, die sämtlich auf ihrer tiefsten Ebene Wandlungen durchgemacht haben.

Auf den folgenden Seiten möchte ich einige Betrachtungen darlegen, die zu dieser in unsrer Zeit so notwendigen Vertiefung und Entkonditionierung des Glaubens beitragen mögen. Ich möchte diese Aufgabe so angehen, daß ich vor allem einer Methode strenger religiöser Gültigkeit folge, ohne einen sektiererischen Gesichtspunkt zugunsten irgend einer Partei einzunehmen. Wenn wir durch die Entkonditionierung des Christentums zur praktischen Verwirklichung seiner Katholizität beitragen, fördern wir die Entwicklung aller Religionen hin zur Harmonie. Es ist hier nicht meine Absicht, bestimmte Formen des Religiösen zu kritisieren, die an sich gut und für den Menschen in bestimmten Entwicklungsstadien seines Bewußtseins und des geschichtlichen Ablaufs unverzichtbar sein mögen, sondern ich möchte vielmehr die Linien nachzeichnen, denen der Glaube anscheinend folgen muß, um Tiefe und Universalität zu gewinnen. Wenn ich das Christentum als Ausgangspunkt nehme, tue ich dies nicht aus Voreingenommenheit oder Sektierertum, sondern weil man irgendwo ansetzen muß und weil ich meine, daß das Christentum besonders aufgerufen ist, diese reinigende Wandlung zu »erleiden«. Es scheint in der Tat Christen zu geben, für die eine solche »Öffnung« heute ein dringendes Anliegen ist.

Ich betone ein für allemal, daß ich diese Deutung für echt *orthodox* halte – das heißt, daß sie Gott auf wahrhaft rechte Weise (*orthos*) Preis und Ruhm (*doxa*) zuteil werden läßt – und daß sie daher ohne Einschränkung »kirchlich« zu nennen ist. Andererseits weiß ich auch um die Schwierigkeiten und Gefahren, die der gelegentliche Gebrauch eher ungewohnter Ausdrücke nach sich zieht. Ich hoffe, daß sie immer in Übereinstimmung mit der tiefgründigen Überlieferung der Kirche vom Anfang der Zeiten gedeutet werden.

Nachdem wir die drei besonders charakteristischen Formen der Spiritualität untersucht haben, die als unveränderlicher menschlicher Faktor in den meisten Religionen anzutreffen sind, wollen wir uns an eine Darstellung des *theologischen* Problems der Trinität wagen, an jenes Mysterium, das aus einer Art Ehrfurcht in einem großen Bereich des Christentums praktisch zur *Atrophie* verurteilt worden ist. Im dritten Teil unserer Studie werden wir einen Entwurf dessen darstellen, was wir nach einer alten Tradition *Theandrismus* nennen könnten (und was ich heute lieber als Kosmotheandrismus bezeichnen würde), das heißt, die grundsätzliche Haltung, die uns befähigt, die Grundvorstellungen der meisten Religionen der Welt zu verstehen und zu teilen. Diese Haltung möchte einen Weg erschließen, den ein bloß intellektueller Austausch von Ideen oder eine *epoché* des Glaubens niemals zugänglich machen könnte.

I. Formen der Spiritualität

Beginnen wir mit einer pragmatischen und zugleich phänomenologischen Definition der Spiritualität als einer bestimmten Art, sich mit der menschlichen Befindlichkeit auseinanderzusetzen. Wenn wir diesen Begriff in einer mehr religiösen Weise fassen wollen, könnten wir sagen, daß Spiritualität eine Grundhaltung des Menschen hinsichtlich seiner letzten Bestimmung ist. In beiden Fällen glaube ich, daß die sich daraus ergebende Typologie eine Hilfe sein kann, uns durch den dichten Wald der Religionen der Welt einen Weg zu bahnen. Ein Merkmal, worin sich Spiritualität von einer etablierten Religion unterscheidet, besteht darin, daß erstere flexibler ist und daher an Riten, Strukturen usw., die für jede Religion unverzichtbar sind, nur am Rande teilhat. In der Tat kann eine Religion verschiedene Spiritualitäten einschließen, da Spiritualität nicht unmittelbar mit irgend einer Lehre oder Institution verbunden ist. Sie ist eher eine geistige Einstellung, die verschiedenen Religionen zugeschrieben werden kann.
Man könnte eine beinahe unbegrenzte Zahl von Typologien in Vorschlag bringen. Ich meine jedoch, daß diejenige, die ich mir hier zu eigen mache, von verschiedenen Gesichtspunkten aus annehmbar ist. Sie gehört in Wirklichkeit mehr als einer religiösen Überlieferung an und bietet uns eine trinitarische Formulierung, die auf viele Religionen anwendbar ist. Außerdem läßt dieses Schema sich anthropologisch insofern begründen, als es der Verfassung des Menschen selbst entspricht. Letztlich ist es nicht das Ergebnis einer Konstruktion *a priori*, sondern einer empirischen Beurteilung der Situation.
Meine Darstellung des Themas wird diese Bemerkungen klären, doch um uns eine Orientierung zu verschaffen, können wir drei Formen von Spiritualität unterscheiden: eine Spiritualität der Tat, der Liebe und des Erkennens, oder: eine Spiritualität, die ihren Mittelpunkt in der Anbetung, im Personalismus und in der Mystik hat.

Erstens kann ein Mensch sich darum bemühen, daß seine Menschlichkeit sich entwickelt und vervollkommnet, indem er ein Bild, ein Idol, eine Ikone annimmt, die sich gleichzeitig außerhalb (anziehend), innerhalb (inspirierend) und oberhalb (lenkend) seiner befindet. Dieses Bild verleiht dem Leben des Menschen, seinem sittlichen Charakter, seinen Gedanken und Bestrebungen die ihm eigene Richtung und gibt ihm den Anstoß zum Handeln.

Zweitens könnte man auch versuchen, eine andere Beziehung zu dem einzugehen, was ich das Absolute genannt habe, um ihm einen anderen Namen zu geben. Das Absolute kann als das verborgene Mysterium in der letzten Tiefe der menschlichen Seele betrachtet werden, als ein Mysterium, das man nur durch die Liebe, durch eine enge persönliche Beziehung und durch den Dialog entdecken und aktivieren kann. In diesem Fall ist Gott nicht nur der wesentliche Pol, auf den die menschliche Persönlichkeit ausgerichtet ist, sondern ein wesentlicher Bestandteil ihrer selbst, so daß man nicht leben oder »sein« kann ohne Liebe und nicht lieben kann ohne diese dritte Dimension des Vertikalen, die sich einzig in der Entdeckung der göttlichen Persönlichkeit verwirklichen läßt.

Die dritte Form der Spiritualität betont die Rechte des Denkens und der Erfordernisse der Vernunft oder vielmehr des Intellekts oder der Intuition. Sie weist einen Gott zurück, der mehr oder weniger nach dem Maß und den Bedürfnissen des Menschen konstruiert ist, und versucht, zur letzten Seinsanalyse vorzustoßen, um dort eine Vision zu finden, die es dem Menschen ermöglicht, in der vollen Annahme seiner eigenen Menschlichkeit zu leben.

Natürlich dienen die hier angeführten Beispiele nur zur Veranschaulichung. Dieser Text will weder eine historische Studie sein noch ein Bericht über den Evolutionsprozeß, der sich in der Zeit entfaltet. Ich ziehe es vor, ihn als einen Versuch zu einer *kairologischen* Dialektik zu betrachten. Weil ich unserer Zeit auf den Puls fühlen möchte, werden wir gewisse Ausflüge in die Vergangenheit unternehmen.

Ikonolatrie – Karmamârga

Wenn man ausdrücken will, was hier gemeint sein soll, so könnte man spontan die Bezeichnung »Idolatrie« oder Götzendienst wählen. Für die Wahl des Wortes »Götzendienst« spräche der einfache Wunsch, den guten Ruf vieler sogenannter Götzendiener wiederherzustellen, angesichts der Karikatur, die so viele aus dem gemacht haben, was in Wirklichkeit eine der wichtigsten Ausdrucksformen der Gottesverehrung und der Religiosität ist. Weil man jedoch den Mißbrauch dessen, was zum Objekt geworden ist, nicht auslöschen kann, weil dieser menschliche Urimpuls noch immer verunglimpft wird und weil dieses Wort im Geist vieler einen schlechten Geschmack hinterlassen hat, sehe ich mich veranlaßt, von seinem Gebrauch Abstand zu nehmen und den Terminus *Ikonolatrie* zu prägen, um diese ursprüngliche Grundhaltung des Menschen gegenüber dem Göttlichen oder dem Mysterium (ob als *fascinans*, *tremendum* oder wie auch immer) zu bezeichnen.

Über die Frage, ob Gott den Menschen nach seinem Ebenbild und Gleichnis geschaffen habe, läßt sich debattieren; aber daß der Mensch sich eine Vorstellung von der Gottheit zurechtgelegt oder in seinem Inneren eingeprägt hat als ein Wesen nach seinem eigenen Bild und Gleichnis, das ist unbestreitbar. Sonst könnte er durch das Medium des Wortes und des Begriffs nicht in Berührung mit dem Göttlichen kommen. Versuchen wir nun, diese innere Haltung zu beschreiben, indem wir uns auf ein so paradoxes Beispiel berufen wie das Volk Israel, das oft zitiert wurde als die genaue Kehrseite der ikonolatrischen Haltung.

Niemand kann leugnen, daß das alte Israel, abgesehen von mystischen Ausnahmen, im Verlauf seiner ausgedehnten Geschichte von der Idolatrie in große Versuchung geführt wurde. Es verfiel nicht nur sporadisch jener nach seinem Gesetz höchsten Sünde, die Jahwe durch den Mund seiner Propheten ständig verdammte, sondern ein aufmerksamer Blick offenbart uns, wenn wir den Stand seiner Spiritualität, seine Vorstellung von Gott und seinen gesamten Kultus berücksichtigen, daß die Religion Israels selbst zur Kategorie der idolatrischen oder besser gesagt, der ikonolatrischen Religionen gehört. Die Idolatrie stellt eine Art Leitmotiv dar, das sich durch die Bücher des Alten Testaments zieht. Aus diesem Grunde war der Kult der *falschen* Götzen zugleich die höchste Sünde und die größte Versuchung für Israel. Für einen Fisch bedeutet Gras nicht die geringste Verlockung, und die Kuh verspürt nicht das geringste Verlangen, sich von Fisch zu ernähren!

In den Augen Israels gab es ohne Zweifel einen grundlegenden Unterschied zwischen der Idolatrie des jüdischen Typus und jener der benachbarten Völker. Das Idol oder der Götze Israels war gewiß kein mit den Händen gemachter oder durch den Gedanken geschaffener Gegenstand und ebensowenig etwas, das der Mensch erfunden oder entdeckt hätte. Der eigene und spezifische »Götze« Israels war Jahwe, der lebendige und wahrhafte Gott, der Eine, der sich diesem Volk offenbart und einen Bund mit ihm geschlossen hatte. Der »Götze« Israels war nicht nur ein wahrhaftes Idol, sondern eines, das die Wahrheit symbolisiert. Trotzdem bedeutete die Tatsache, daß Jahwe die Wahrheit darstellte, nicht den geringsten Unterschied in der Art der Beziehung, die er zu seinem Volk hatte, gegenüber der Kultur der Umgebung Israels. Eine morphologische Studie der Religion Israels und der benachbarten kanaanäischen Völker würde augenscheinlich zeigen, daß für die Gläubigen Jahwe und die Götter der *gojim* sich auf derselben Stufe befanden. Dieses Faktum erklärt den ständigen Kampf, wie er in der Bibel beschrieben wird, zwischen Jahwe Zebaoth und seinen »Rivalen«, den anderen Göttern, den Göttern der anderen Nationen. Um seine Stellung als einziger und ausschließlicher Götze Israels zu behaupten, mußte er mit jenen kämpfen, und er tat dies mit der Schlagkraft, die wir alle kennen. Die anderen Götter waren falsche Götter, eben weil sie falsche Götzen waren. Wir wollen hier nicht auf ihre Macht oder ihre relative und beschränkte Souveränität eingehen; wir bekräftigen lediglich, daß sie für Israel nicht die Ikone darstellen, die der biblischen Theophanie Gottes entspricht. Es gibt keine Rivalität außer zwischen Realitäten derselben Ordnung. Auf das vorhin erwähnte Beispiel zurückgreifend, können wir sagen, daß es keine Möglichkeit der Gegnerschaft zwischen den Kühen auf der Weide und den Fischen des Meeres gibt.

Die vorliegende Studie hat sich nicht zur Aufgabe gestellt, im einzelnen zu erläutern, wie der Kult Jahwes und der anderen Götter sich morphologisch entsprechen. Es genügt, die Bibel und die historischen Dokumente der Götter von Moab und Assyrien zu vergleichen, um ein Beispiel anzuführen. Auf jeden Fall waren die Israeliten vollendete Götzendiener. Sie benötigten keinen Mentor, der sie lehrte, Götzen zu bilden und zu verehren. Bereits in ihrer Erfahrung der Wüste genügten ihnen vierzig Tage der Abwesenheit ihres Führers Moses, um die lebendige, aber unsichtbare Ikone Jahwes durch ein goldenes Kalb zu ersetzen. Die ganze Geschichte Israels verläuft nach denselben Linien. Jahwe *existiert* in der Bundeslade und wohnt in seinem Tempel auf dieselbe Weise wie Astarte, Baal und Dagon in den ihren. Die Hebräer sprechen von Jahwe, verkehren mit ihm und beten zu ihm genau so, wie die Kanaanäer von ihren Göttern sprechen, mit ihnen verkehren und zu ihnen beten. Sie beten ihn an, wie man einen Götzen anbetet, denn die Ikonolatrie wurzelt ihrem Wesen nach, wie wir gleich sehen werden, nicht im materiellen Charakter des Götzen, sondern darin, daß dem Gott Eigenschaften und Attribute in mehr oder weniger gereinigter Form zugeschrieben werden, die den Geschöpfen eignen, und die durch verschiedene Verfahren bestimmt werden können.

Fügen wir noch hinzu, daß die Ikonolatrie eine normale Dimension des religiösen Lebens des Menschen sowie der Offenbarung Gottes dem Menschen gegenüber darstellt. Lehren uns nicht die Kirchenväter, daß der Herr sich immer dazu herabließ, sich den Bedürfnissen und Möglichkeiten des Menschen anzupassen, und die Gestalt annahm, die der menschlichen Fähigkeit, seine Botschaft zu empfangen und in die Tat umzusetzen, entsprach? Diese Evolution der Erkenntnis läßt sich in analoger Form im Individuum beobachten. In der Tat könnte die Religion nicht ohne zumindest irgend welche Spuren der Ikonolatrie existieren – in ähnlicher Weise, wie auch eine chemische Reaktion nicht stattfinden kann ohne gewisse Spuren der Verunreinigung derjenigen Elemente, die daran beteiligt sind. Eine »chemisch reine« Religion ist nicht denkbar außer im Rahmen einer künstlich »reinen« Individualität und abseits des Menschen, so wie er wirklich ist, *in statu nascendi*, im Zustand des Werdens.

Ist es also die Ikonolatrie an sich, welche die Propheten wirklich angreifen? Ist es nicht vielmehr die falsche Idolatrie der Rivalen Jahwes? Die Torah unterstreicht in ihrem Kern die ausschließliche Natur der Offenbarung Gottes dem erwählten Volk gegenüber. »Höre, Israel... Du sollst keine anderen Götter haben neben mir« (5.Mose 5,7; 6,14). Dies besagt die Ausschließlichkeit des Liebenden. Der Israel erteilte Auftrag ist nicht auf andere Völker übertragbar. Er ist eine Kundgebung des Gottes Israels, der über den anderen Göttern steht. Für Israel ist Jahwe der oberste Herr (5.Mose 6,4), und er ist auch ein »eifersüchtiger Gott« (5.Mose 5,9; 6,15). Obwohl der israelitische Gottesbegriff sich unter dem Einfluß der späteren Prophetie ohne Zweifel »geläutert« sehen wird, wird er dennoch seinen ikonolatrischen Charakter praktisch nie ganz verlieren.

Das Christentum, das in der Tradition der jüdischen Propheten steht, bewies immer einen gewissen instinktiven Abscheu vor der Idolatrie, was tragische Mißverständnisse heraufbeschwor, als es in Berührung mit den Religionen Afrikas und Asiens kam. Die bisher am meisten verbreitete christliche Haltung verkündet, daß die Idolatrie die niedrigste und degenerierteste Form der Religiosität sei. Dennoch beeilen sich diejenigen, die in Übereinstimmung mit diesem Standpunkt das Idol aus Stein oder Holz von seinem Sockel oder aus seiner Nische reißen, an seiner Stelle die Gottesikone Israels als Gegenstand ähnlicher Verehrung aufzustellen, samt dem Bild oder der Vorstellung, die sie sich selbst von dem in Christus offenbarten Gott zurechtgelegt haben. »Wir haben doch schon Krishna«, machte ein Hindu geltend, »warum sollen wir euren Christus an seine Stelle setzen? Eine Ikone ist doch ebenso gut wie eine andere.«

Ich sage noch einmal ausdrücklich, daß wir kein Interesse daran haben, die Ikonolatrie zu verteidigen oder zu verurteilen. Wir beschränken uns auf die Feststellung, daß die Spiritualität Israels, die auf der Vorstellung eines Gottes beruht, der spricht, straft, vergibt, sich als eifersüchtig erweist, Gesetze erläßt, beleidigt und wieder versöhnt werden kann, der befiehlt, verspricht und mit den Menschen Bündnisse schließt, phänomenologisch der Kategorie des Ikonolatrischen angehört, denn dies ist das Verhalten, das allen Ikonen entgegengebracht wird. Der einzige – für die Kinder Abrahams grundlegende – Unterschied besteht darin, daß in dem einen Fall ein lebendiger und wahrhafter, unsichtbarer Gott vorausgesetzt wird, der Schöpfer der Welt, während man in den übrigen nur eine manchmal vorschnelle und unreife Gleichsetzung eines konkreten Idols mit dem höchsten Gott erblickt.

Worin besteht nach all dem Gesagten die Ikonolatrie, wenn nicht in der Projektion Gottes in irgend eine *Form*, in seiner Objektivierung, in seiner Personifizierung *in* einem *Gegenstand*, der geistig oder materiell sein kann, sichtbar oder unsichtbar, jedoch immer reduzierbar auf unsere menschliche »Darstellung«? Die Ikonolatrie ist in Wirklichkeit ein religiöser Kosmoanthropomorphismus, in dem Gott Formen zugeschrieben werden, die dem Geschöpf eignen, seien sie über- oder untermenschlich. Es macht keinen wesentlichen Unterschied, ob diese Formen grob oder subtil sind, ob sich der Götzendiener seiner inneren religiösen Haltung bewußt ist oder nicht, ob er erkennt, daß das ikonolatrische *Zeichen* ein provisorisches ist und die darunter liegende Wirklichkeit (die *res*) hervortreten muß, wenn der Augenblick dafür gekommen ist. Letztlich symbolisiert die Ikone die Homogenität Gottes und seines Geschöpfes; und dieselbe Homogenität bestimmt den Zustand der Religion, der *re-ligatio*, die Gott und Mensch auf eine Weise »zusammen-bindet«, daß sie keine unabhängigen und heterogenen Realitäten mehr sind. Wenn Gott wirklich das ganz andere wäre, gäbe es keinen Platz für Liebe und Erkenntnis noch für Gebet und Kult, noch in Wahrheit für Gott-selbst-als-anderen. Der Mensch begeistert sich für sein Bildnis, er unterwirft sich ihm, er gibt sich hin und liefert sich ihm aus, weil sein eigenes Schicksal mit demjenigen seiner Ikone aufs engste verbunden ist. Diese Ikone ist weder gefühllos noch unzugänglich, sie ist mit dem menschlichen Abenteuer verflochten. Es findet eine Wechselwirkung zwischen der Ikone und ihrem Anbeter statt. Der Mensch liebt seine Gottesikone, weil dieser Gott sich für ihn in Stein, Holz oder Fleisch verwandelt hat. Wer würde sich für das rein Transzendente so leidenschaftlich begeistern? (Vgl. Gîta XII,5). Das rein Transzendente geht uns *per definitionem* nichts an, weil es gefühllos, unwandelbar, weit entrückt vom Strudel des Menschlichen ist. Jahwe, der für Israel litt, war die wahrhafte Ikone; seine Ehre war eng verbunden mit der seines Volkes. Aus Liebe zum Volk Israel offenbarte er sich ihm als seine Ikone in dieser bestimmten historischen Periode der Evolution des religiösen Bewußtseins der Menschheit. Wenn die Kühe irgend eine Kenntnis von Gott hätten, wie könnten sie ihn sich anders vorstellen als am Sein der Kuh teilhabend? Ein Gott, dem jede Beziehung der Ähnlichkeit mit ihnen fehlte, könnte auf keine Weise ihr Gott sein. Der Ikonoklasmus (Bildersturm) ist daher eine Sünde wider das erste Gebot.

Nun, da wir bis hierher gekommen sind, wollen wir fortfahren und unsere letzten Thesen klären. Wir haben zwei Elemente: die Idolatrie und die Ikonolatrie. Die Idolatrie, verstanden als Übertragung der Verehrung, die allein Gott gebührt, auf ein irdisches Wesen, ist ohne jeden Zweifel die schwerste Sünde. Es ist eine Verehrung, die sich beim Gegenstand aufhält, ohne diesen in einer fortschreitenden Bewegung auf den Schöpfer, auf das Transzendente hin zu überschreiten. Aber die Ikonolatrie, die zunächst einen Gegenstand *anbetet*, auf den die »Herrlichkeit des Herrn« herabgestiegen ist und diesen Gegenstand als Ausgangspunkt eines langwierigen und mühsamen Aufstiegs zu Gott nimmt, kann nicht so leicht verurteilt und zurückgewiesen werden. Außerdem liegt in jeder Idolatrie eine mehr oder weniger latente Erfahrung der Ikone, das heißt, einer Erfahrung von ikonologischem Charakter, die eine wesentliche Dimension der gesamten wahrhaft menschlichen Spiritualität ausmacht. Diese Erfahrung der Ebenbildlichkeit (*eikôn*) zwischen Gott und dem Menschen, daß zwischen beiden ein ontologisches Band besteht, muß kultiviert werden.

Um eine Parallele hervorzuheben, auf die wir später noch zurückkommen werden, können wir jetzt die Begriffe *karma*, *bhakti* und *jñâna* (Tat, Liebe und Erkenntnis) einführen, die in den Religionen Indiens verschiedene Wege der Spiritualität darstellen. *Karma-mârga*, der Weg der geheiligten Tat, das heißt, der rituellen Tat, die zur Erlösung führt, die Erfüllung der Pflicht, die Verwirklichung des eigenen *dharma*, der Gehorsam gegenüber dem Gesetz, die Befolgung der Gebote usw., ist die erste spirituelle Dimension. Wenn es keine Gottesikone gäbe, die Gesetze befiehlt und erläßt, hätte all dies keinen Sinn. Ein »philosophischer« Gott, das reine Prinzip, der unbewegte Beweger, kann nicht die Grundlage einer lebendigen Religion sein.

Hier stellt sich das Problem, wie man *über* den Worten zu einem Einverständnis gelangen kann – die höchste Forderung der menschlichen Weisheit –, doch zugleich zu einem Einverständnis *mit* den Worten – und hier kommt die theologische Weisheit ins Spiel –, die sie respektiert und nicht willkürlich manipuliert. So entstand das Wort »Idol« aus der Notwendigkeit, einen materiellen Gegenstand zu bezeichnen, der gewöhnlich von Menschenhand gemacht und als Gott verehrt wurde. Das Idol (der Götze) ist also etwas von Menschen Gemachtes und als solches niedriger als der Mensch, so daß seine Verehrung die schlimmste Sünde darstellt (Jes XLIV,9ff.). Trotzdem möchten wir zwei Bemerkungen zu diesem Punkt anbringen, eine davon im Namen einer großen Anzahl von »Götzendienern« und die andere aufgrund allgemeinerer Überlegungen.

Wenn die Idolatrie als ein Akt zu verstehen ist, der einem Geschöpf die Anbetung ermöglicht, die allein dem Schöpfer gebührt, können wir sicher sein, daß die sogenannten Götzendiener immer diese Übertragung machen und damit der genannten Verwirrung anheimfallen? Geschieht hier nicht dasselbe wie mit dem Polytheismus, welcher nur demjenigen, der kein Polytheist ist, als solcher erscheint? Wurzelt der Irrtum der Idolatrie (Götzenanbetung) nicht in der Deutung, die der Gläubige seiner Verehrung verleiht, statt in dem existentiellen Akt der Anbetung als solcher? Die Idolatrie ist nicht falsch als *Latrie* (Gottesanbetung), sondern als Verdinglichung dieser Anbetung. Jede *Latrie* setzt ein Idol, eine Ikone oder ein Bildnis voraus; ist jedoch die »Idolisierung« etwas Schlimmeres als die »Idealisierung« oder die Verdinglichung? Gibt es überdies nicht den Glauben, daß die meisten der verehrten Idole auf geheimnisvolle Weise gefunden wurden und aus einem Mysterium hervorgingen, so daß sich nicht behaupten läßt, sie seien lediglich der Ausdruck eines menschlichen Urhebers? Wenn das Idol ein wahrhaftiges Bildnis der Gottheit ist – sofern man seinen Charakter als Ikone nicht aus den Augen verliert –, bildet die Ikonolatrie einen Bestandteil jeder wahren Religion und wird daher nur dann zu einem Irrtum, wenn der ikonologische Zusammenhang zwischen dem Idol und der Gottheit unterbrochen ist. Kann man daher nicht sagen, daß Israel der Vorkämpfer der echten Idolatrie gegenüber der falschen sei? Falsche Idole (Götzen) gibt es nicht, weil es nur den einen Gott gibt (siehe in diesem Kontext 1. Kor VIII,4ff.).

Damit kommen wir zu unserer zweiten Beobachtung. Niemand vermag über seinen Schatten zu springen. Die Ikonolatrie ist eine Grundform des religiösen Bewußtseins der Menschheit. Innerhalb des jüdisch-christlichen Zusammenhangs und noch mehr in der semitischen und mediterranen religiösen Welt steht die ikonologische und daher idolatrische Dimension der Gottheit im Vordergrund. Der Mensch ist das Ebenbild Gottes, die Welt eine göttliche »Spur«, und die Anwesenheit des Absoluten ist immer eine Anwesenheit der

Inkarnation. Wie leicht verständlich erscheint uns nun die Neigung des Menschen, eine göttliche Ikone anzubeten in der Form eines Idols. In völliger Übereinstimmung mit dem eben Gesagten steht die Tatsache, daß das in den Tempeln geopferte Fleisch,von Juden und Christen *eidôlothyton* (einem Idol geopfert) genannt wurde, während diejenigen, die es darbrachten, es als *hierothyton* (als sakral geopfert oder als Opfergabe dargeboten) bezeichneten. (vgl. z.B. Apg XV,29 usw.)

Die Ikone muß nicht unbedingt plastisch dargestellt sein. Im Gegenteil, jede ikonomorphe Spiritualität neigt dazu, jene Art von Ikonen zu unterdrücken, die sich ihrem ikonologischen Grundmodell nicht anpassen: Israel ließ keine »Götzenbilder« zu; der Islam erlaubte keine bildlichen Darstellungen; die Stammesreligionen zeigten nicht allzu viel Interesse an »Ideen« über das Göttliche (Theo*logien*) und so fort. Ist die Eucharistie nicht die christliche Ikone? Trotzdem ist die Grundhaltung einer ikonolatrischen Spiritualität der kultische *Akt* der Verehrung eines »Bildnisses« von Gott im Glauben, daß dieses immer den wahren Gott darstelle. Es ist dieser Akt, der uns gestattet, einer solchen Spiritualität den Namen *karmamârga* zu geben. Das ist der Weg der Tat, den man beschreitet, um die »Erlösung« zu erlangen, das Ziel und die Verwirklichung des Menschen, in welcher Form auch immer diese gedeutet werden.

Die Geschichte der Religionen zeigt uns auch andere religiöse Grundhaltungen, in deren Mittelpunkt nicht die Vorstellung einer Gottesikone steht und auf die wir gleich eingehen werden. Wenn wir das Thema aus dieser neuen Perspektive beleuchten, erahnen wir eine enge Beziehung zwischen der wahren und der falschen Idolatrie, die für den Monotheismus von Juden, Christen und Muslimen aufschlußreich sein kann. In diesem Punkt bietet das Konzept der Trinität eine Möglichkeit, die Spiritualität des Idols, der Ikone, des Bildnisses oder der Idee zu transzendieren, ohne sie zu negieren.

Der Personalismus – Bhaktimârga

Zusammen mit seinen heiligen Schriften vererbte das alte Israel dem Christentum den ikonologischen Gottesbegriff. Ohne Zweifel machte dieser Begriff eine »Läuterung« und Wandlung durch, sowohl aufgrund des Nachdenkens über das Neue Testament als auch aufgrund der fortschreitenden Bewußtseinsentwicklung des Menschen, wie sie in der weiteren Evolution des Judentums in Erscheinung tritt. Trotzdem ist es noch der alttestamentliche Begriff von Jahwe, die Gottesikone Israels, welche die christliche Gottesvorstellung deutlich geprägt hat. Ein wesentlicher Bestandteil des offiziellen Kirchengebets ist immer noch das Buch der Psalmen, das im Tempel von Jerusalem gebetet und gesungen wurde, obwohl es Gefühle und religiöse Anschauungen enthält, die vom Geist des Evangeliums weit entfernt sind.

Natürlich haben wir kein Recht, die komplexe Entwicklung des Gottesbegriffs innerhalb des Christentums auf einige extrem vereinfachte allgemeine Schemata zu reduzieren; ebensowenig wäre es erlaubt, sie auf einige eher negative Wesenszüge zu beschränken. Wenn wir uns trotzdem erlauben, vielleicht nicht ohne eine gewisse Kühnheit, einige bestimmte Leitlinien aufzuzeigen und die übrigen beiseite zu lassen, dann tun wir es deshalb, weil wir die Möglichkeit eines ergänzenden Beitrags zeigen wollen, welcher die historischen Grenzen des Christentums, so wie es sich in der Gegenwart darstellt, überschreiten würde. Wir wollen damit den unvergleichlichen Beitrag des Abendlandes zur Inkarnation des christlichen Geistes in keiner Weise herabsetzen.

Natürlich ist die Gottesvorstellung, die wir im Evangelium, insbesondere bei Johannes finden, weit von dem Jahwe der jüdischen Überlieferung entfernt. Aus welchen historischen Gründen immer Jesus verurteilt wurde, es geschah sicher nicht deshalb, weil er sich selbst göttlich genannt hatte – diese Idee der Vergöttlichung des

Menschen war weder so neu noch so skandalös –, sondern weil er sich zum Sohn Gottes erklärt hatte (was später im trinitarischen Sinn des Wortes ausgelegt wurde), das heißt, als der eingeborene Sohn Gottes, Ihm ebenbürtig, aus Ihm hervorgegangen; weil er das Volk Israel herausgefordert hatte, indem er sich selbst als die Gottesikone darstellte, welcher Gehorsam und Verehrung gebührt, der man nachfolgen und die man sogar »essen« muß. In den Augen der Juden bestand das Verbrechen Jesu, zumindest wie es den Christen der ersten Generationen vermittelt wurde, in der Tatsache, daß er es wagte, Jahwe, die Ikone Israels, zu verdrängen und seinen Platz einzunehmen. Wenn das »Volk Gottes« sich geweigert hatte, »andere Götter« anzubeten, so hatte es noch mehr Grund, sich eines Menschen zu entledigen, der zu behaupten wagte, daß der Messias kein König sei »nach der Art« Davids, sondern die wahre Ikone der Gottheit, das vollkommene Bildnis Jahwes, unmittelbar von Ihm gezeugt. Jahwe kann kein Bildnis haben, weil Er selbst die Ikone ist. Es ist unmöglich, sich auf Erden echte Bildnisse von Gott zu machen, weil die dazu nötigen Archetypen im Himmel fehlen. Einzig und allein die Trinität vermag die Ikonolatrie zu retten. Es ist bezeichnend – wie wir noch sehen werden –, daß die ersten Kirchenväter die Theophanien des Alten Testaments und der anderen Überlieferungen oft als Offenbarungen des Wortes Gottes betrachteten.

Aber das Skandalon des trinitarischen Gottes, das in der Sicht der frühen christlichen Theologie ausschlaggebend für Jesu gewaltsamen Tod war und daher im Zentrum ihres Denkens stand, verlor nach den ersten Jahrhunderten allmählich seinen herausfordernden Charakter. Manches christliche Bewußtsein glitt auf fast unmerkliche Weise wieder in den Legalismus hinein, den Paulus mit so viel Eifer denunziert hatte. Dies ist ein wichtiges und von der politischen Theologie vernachlässigtes Thema. Die Trinität paßt nicht zum christlichen Reich. Der spekulative Fortschritt in der Annäherung an das trinitarische Geheimnis war nicht ausreichend durch einen entsprechenden Fortschritt der mystischen Erfahrung dieses Geheimnisses begleitet und hatte wenig Einfluß auf das Leben und die Gottesverehrung des Christen. Osten und Westen gingen in diesem Punkt getrennte Wege: Während für die einen die Trinität zu einem dreifachen Idol wurde, trat sie für die anderen ihren Platz, auch im Gebet, zunehmend zugunsten der sogenannten »göttlichen Natur« ab. Beides war verbunden mit der ständigen Gefahr, das Mysterium der Trinität in ein Unaussprechliches abzudrängen, (eine *Göttlichkeit* jenseits des Vaters). Mit einem Wort, das Göttliche war vom Menschen auf ein oder auf drei Bilder reduziert worden, doch blieb es immer möglich, über alle Biler hinauszugehen. Für eine große Anzahl von Christen wurde die Trinität einfach zu einem abstrakten Begriff, und Gott war für sie weiterhin der Gott Abrahams, Isaaks und Jakobs, die große Ikone, die man anbeten, besänftigen, befriedigen und der man gehorchen muß. Ohne Zweifel wurde er Vater genannt (was einen Sohn voraussetzt usw.), doch seine Wesensmerkmale hatten sich mit Sicherheit sehr wenig verändert. Er war immer noch der Richter, der Schöpfer, der Bewahrer, der Offenbarer, in der Tat *der andere*. Außerdem hatte er dafür eine glänzende Rechtfertigung, sogar mit einer reellen Grundlage: die schlichte Anerkennung der Eigenschaften des Göttlichen in der Person Jesu. Der monolithische Monotheismus des orthodoxen Judentums tauchte in gewisser Weise im Christentum wieder auf. Für viele wurde Jesus einfach zum Gott der Christen, und diesen Eindruck gewinnt zum Beispiel ein Hindu in der Predigt des Evangeliums, die zu hören er manchmal Gelegenheit hat: Die Christen sind für ihn ein Volk, das Gott im Namen und in der Gestalt Jesu verehrt.

Dieser Prozeß führt zu einer komplementären Entwicklung im christlichen Bewußtsein und bewirkt etwas, das wir mit Fug und Recht *Personalismus* nennen können. Der alte Kosmoanthropomorphismus hat sich verwandelt, und jetzt wird verlangt, daß das religiöse Leben sich auf das Konzept der *Person* gründe. Von jetzt an kommt es auf unsere persönlichen Beziehungen zu Gott an, und daher machen nur sie, so wird behauptet, die wahre Religion aus. Ist nicht die Religion im Grunde ein Dialog zwischen Personen? In diesem Sinn haben die Weisen aller Zeiten im Personalismus das Kennzeichen jeder reifen Religion gesehen, und in diese Richtung möchten sie die religiöse Evolution der Menschheit lenken, die mit der Ausbildung des christlichen Bewußtseins beginnt. Der große Skandal des Hinduismus, sagen die Christen, besteht darin, daß er nicht an einen persönlichen Gott glaubt.

Im religiösen Personalismus ist zum Beispiel Gehorsam nicht mehr, wie in der Ikonolatrie, eine bedingungslose Unterwerfung, sondern die Anerkennung des Rechtes Gottes zu herrschen. Liebe ist nicht eine Anwandlung eines spontanen Affekts oder eine unbewußte Ekstase, sondern eine gegenseitige Hingabe. Kult ist nicht mehr die Auslöschung des Ichs vor dem Absoluten, sondern die freiwillige Bestätigung seiner Souveränität. Sünde ist nicht mehr eine kosmische Verfehlung, sondern eine Zurückweisung der Liebe, usw.

Die sogenannte Prädestination und der damit verbundene Begriff der göttlichen Vorsehung sind deutliche Beispiele derselben Tendenz. Gott sieht voraus, Gott prädestiniert, weil Er derjenige ist, der liebt, richtet, vergibt, bestraft, entschädigt; kurz gesagt, er tut alles, was eine Person tut. Die Unzulänglichkeiten der geschaffenen Wesen werden ausgelöscht, man steigt die Stufen zum Weg der Erhabenheit auf, und am Ende dieses Prozesses begegnet man der göttlichen Person. Wir bezeichnen Gott als ein personales Wesen, weil wir selbst Personen sind; wir betrachten Gott als das höchste Sein, weil wir selbst Seiende sind. Wenn wir zu Gott *aufsteigen* wollen, können wir nur von den Geschöpfen ausgehen, das heißt von uns selbst. Die *via ascensionis* des Menschen hin zu Gott kann gar nicht anders, als zu einer Begegnung mit der göttlichen Person zu führen. Es gibt jedoch auch die *via descensionis* (von Gott hin zum Menschen), die nicht unbedingt derselbe Weg in umgekehrter Richtung sein muß. Die Heiligen Drei Könige kehrten auf einer anderen Route in ihr Land zurück.

Wie dem auch sei, das Christentum hat sich in zunehmendem Maße mit dem Personalismus identifiziert, und man ist zu dem Schluß gekommen, daß der christliche Glaube nicht Wurzel schlagen kann, wenn Begriff und Erfahrung dessen, was eine Person ist, entweder unbekannt oder ungenügend entwickelt ist, da man nicht in ein vertrauliches Verhältnis zu Gott treten kann, wenn er nicht als Person erkannt wurde.

Wie im Falle der Ikonolatrie, haben wir auch hier nicht die Absicht, den Personalismus zu bekämpfen. Wir möchten uns lediglich vor ausschließenden Schlußfolgerungen oder übereilten Extrapolationen hüten. Schließlich ist der religiöse Personalismus nicht mehr als eine Form der Spiritualität. Der Personalismus und die Ikonolatrie sind, in je unterschiedlichen Graden, Dimensionen, die jeder Religion innewohnen und verschiedenen Bewußtseinsstufen entsprechen. Daher hat der Personalismus kein größeres Recht als die Ikonolatrie, sich mit der Religion zu identifizieren, und kann infolgedessen die Vielfalt und Fülle der Erfahrung des Absoluten nicht ausschöpfen. In dem Maße, wie er diesen Anspruch erhebt, verleugnet er seinen religiösen Wert und verfällt unweigerlich dem Irrtum.

Der Weg der Hingabe und der Liebe, *bhaktimârga*, ist das normale Aufblühen der personalistischen Dimension der Spiritualität. Die Überantwortung des eigenen Selbstes an den Herrn, die Liebe zu Gott, verlangt notwendigerweise eine Begegnung, eine Annahme und eine wechselseitige Kommunikation zwischen Personen. Die Liebe zu Gott kann nicht unter der menschlichen Liebe stehen, wie es geschehen würde, wenn der »Geliebte« uns nicht antworten, noch uns mit der Leidenschaft und Reinheit lieben könnte, welche die menschliche Liebe auszeichnen. Die Liebe zu Gott würde sich zwangsläufig auflösen, wenn es keinen Dialog gäbe, keine Spannung, keinen Drang zur Vereinigung. »Ich will nicht aufhören zu sein«, sagt der *bhakta*, »nicht aus Angst, mich selbst zu verlieren, sondern weil dann die Liebe aufhören würde, weil ich nicht weiter lieben könnte. Ich begehre nicht die Vereinigung, sondern die Liebe. Aber nicht um meinetwillen sehne ich mich nach der Liebe, sondern um seinetwillen. Was würde geschehen, wenn er mich nicht lieben könnte? Ohne Zweifel gibt es Schwierigkeiten, wenn ich versuche zu verstehen, wenn ich versuche, das Mysterium der Liebe mit dem Verstand zu durchdringen. Aber ich fühle, daß es jemanden gibt, der mich liebt, und seine Liebe drängt mich, sie mit der meinigen zu erwidern, wenngleich in unvollkommener Form, in der Hoffnung, ihn eines Tages zu umarmen, an jenem Tag, der kein Ende nehmen wird. Wenn ich mich gezwungen sehe, in seinen Armen zu vergehen, um die Gefahr eines theoretischen Dualismus zu vermeiden, wird nicht nur die Liebe zerstört, sondern auch das wahre Leben des Absoluten. Gott allein kann eine Person sein.« Dies ist die Schlußfolgerung des *bhakta*, dessen, der liebt.

Wenn der Wunsch nach *Inkarnation* unsere erste Dimension der Spiritualität kennzeichnet und wenn ihre größte Versuchung die falsche Idolatrie ist, dann ist der Durst nach *Immanenz* die inspirierende Kraft des Personalismus, wobei ihre große Versuchung der Anthropomorphismus ist. Die Vereinigung mit Gott findet ihren vollkommensten Ausdruck in der Gemeinschaft der Liebe und vor allem in der persönlichen Kommunion. Gott ist ein »Ich«, das mich ruft und zu mir »du« sagt, und indem er mich ruft, schenkt er mir mein Sein und meine Liebe, das heißt, mein eigenes Vermögen, ihm zu antworten.

Dennoch finden wir in einem Teil der religiösen und spirituellen Überlieferung der Menschheit eine Erfahrung des Absoluten, die eine völlig andere Form als die vom Personalismus postulierte annimmt. So legen zum Beispiel die Upanishaden Zeugnis ab von einer Vorstellung und einer Erfahrung der Wirklichkeit, die in den Rahmen einer personalistischen Spiritualität kaum hineinpaßt. Diese Erfahrung läßt sich nicht auf die liebende Hingabe des *bhakta* zurückführen. Gibt es nicht in jeder Liebe einen egoistischen Hintergrund, der gerade im Akt des Liebens, gerade im Schoß der Liebe den Tod dieser Liebe verursacht? Die Liebe fordert ihren Selbstverzicht, aber wenn dieser Verzicht total ist, verschwindet dann nicht mit dem Subjekt auch das Liebesobjekt, und verflüchtigt sich in diesem Verschwinden dann nicht die Liebe selbst? Geschieht mit der Liebe nicht dasselbe wie mit *ahimsa* – der Gewaltlosigkeit –, die, zur letzten Konsequenz getrieben, die vollständigste Vernichtung nach sich zieht, indem sie die Prinzipien, die sie inspirieren, negiert und ihnen widerspricht? Wenn man sich weigert, irgend ein Lebewesen zu töten, liefert man sich selbst dem Tod aus und zerrt sterbend andere in den Tod. Wenn man sich weigert, der Liebe zu entsagen, die durch die Vereinigung mit dem Geliebten verschwinden würde, wird die Liebe getötet, denn um die wechselseitige Liebe fortzusetzen, muß man um jeden Preis die Trennung und die Distanz bewahren als unverzichtbare Bedingungen der gegenseitigen Liebe. Andererseits ist es jedoch eben diese Liebe, nicht nur ihre Erkenntnis, die zu einer Identifikation führt, welche die Gegenseitigkeit anscheinend zerstört. Auf diese Weise bleibt noch Raum für einen weiteren Schritt.

Advaita – Jñânamârga

Die Apostelgeschichte und die Paulusbriefe bezeugen die tiefe Krise des Universalismus, welche die Kirche im zweiten Jahrzehnt ihrer Geschichte durchmachte. Können wir wahrhaftig sagen, daß die Kirche zwanzig Jahrhunderte später jene ursprüngliche Krise der Katholizität vollkommen überwunden hat? Vielleicht sollten wir zur Kenntnis nehmen, daß die Spannung, die von Anfang an zutage trat, eben zum Leben einer »Kirche unterwegs« gehört. In jener Zeit war die direkte Anrufung Christi seitens der »Heiden« ohne Zweifel der Grund für die Erschütterung der Säulen der Kirche (Gal II,9), wie das Konzil von Jerusalem festhielt. Ist nicht auch das Christentum des 20. Jahrhunderts mehr oder weniger desorientiert durch den Aufruf zum Universalismus, der heute von überall an die Kirche ergeht? Können wir wahrhaftig behaupten, daß die Kirche das Stadium jenes ersten Konzils überwunden hat oder daß sie ihre Beschlüsse wirklich in dem Geist, der sie inspirierte, und mit allem, was dies bedingt, angewandt hat? Ist das Christentum morphologisch gesehen nicht eine semitische Religion geblieben? Der beste Beweis dafür ist der Antisemitismus, den die Kirche in der Vergangenheit mehr oder weniger tolerierte, auch wenn sie sich jetzt moralisch verpflichtet fühlt, ihn zu verurteilen. Man greift nicht mit solcher Vehemenz an, was einen in der Tiefe des eigenen Seins nicht aufwühlt. Die Kirche hat die Nabelschnur, die sie mit der Synagoge verbindet, nie durchtrennt, und das ist richtig und angemessen. Kann man, ohne diese Grundbeziehung zu leugnen, jedoch behaupten, daß der christliche Begriff des Absoluten das von Israel übernommene ikonolatrische Stadium überwunden habe? Ist er über eine lediglich gereinigte und durch einen Personalismus, der aus der Evolution der abendländischen Welt entstanden ist, korrigierte Ikonologie je hinausgegangen?

Klären wir einmal diesen Punkt. Es liegt uns fern, das Vorrecht des auserwählten Volkes zu schmälern oder seine besondere Stellung innerhalb der göttlichen Ökonomie herabzusetzen. Noch weniger möchten wir dem Alten Testament den ihm gebührenden Respekt verweigern. Ohne Zweifel war es die Auserwählung Israels in einem bestimmten Augenblick der historischen Evolution der Menschheit, die seinen einzigartigen Ruhm ausmacht. Dennoch erweist die Größe seiner Religion sich darin, daß sie bereit ist, sich selbst zu transzendieren. Die Berufung des Volkes Israel, wie der spätere Judaismus sagen wird, besteht darin, daß es Träger eines Auftrags im Namen der ganzen Menschheit war, um diese zu befreien, ohne irgend jemanden zurückzuweisen, der ihn mitübernehmen wollte. Sind die Christen bereit, anzuerkennen, daß dem Chistentum im dritten Jahrtausend etwas Ähnliches widerfahren kann – oder soll?

Ist jedoch andererseits diese Bindung an das semitische oder mediterrane sozio-kulturelle Umfeld die Wurzel des tragischen Mißverstehens zwischen dem christlichen Glauben und den verschiedenen Religionen der Welt, die immer noch leben und intensiv gelebt werden?

Denken wir auch, ohne uns darauf versteifen zu wollen, an ein Grundproblem: das Problem der *Relativität*, nicht des Relativismus, des Gottesbegriffs. Gott ist nur Gott für das Geschöpf und in Bezug zu ihm. Gott ist nicht Gott für sich selbst. Die Idee der Anbetung liegt im Wesen des Gottesbegriffs. Es wäre absurd zu sagen, daß Gott sich selbst anbeten könne. Es ist nur der *Fleisch gewordene* Sohn, der seinen Vater Gott nennt. In den großen Theophanien des Alten Testaments offenbart Jahwe sich immer als der Gott derjenigen, denen er sich zu erkennen gibt. Er sagt niemals: »Ich bin *mein* Gott!«, sondern: »Ich bin *euer* Gott!« Gott ist *unser* Gott. Ohne uns und außerhalb unserer Beziehung zu ihm wäre Gott nicht »Gott«. Gott ist nicht Gott für sich; er ist es nur für und folglich durch das Geschöpf.

Auch sollten wir den historischen und philosophischen Ursprung des Wortes »Gott« nicht vergessen. Das Christentum hat das Wort von den indoeuropäischen Sprachen und Religionen empfangen: *deva*, *theos*, *zeus*, *deus*, *gup*. Weit entfernt davon, ursprünglich eine Bezeichnung des Absoluten oder ein metaphysischer Ausdruck des einen zu sein, wurde es allgemein im Plural gebraucht, in derselben Weise wie seine semitische Entsprechung *elohim*. Der Singular wurde gewöhnlich nur gebraucht, um den Sieg oder die Vorherrschaft eines der *Götter* über die anderen anzudeuten oder den privaten Gott eines bestimmten Volkes oder Landes zu bezeichnen, der über einen besonderen Aspekt des Kosmos (den Regen, das Feuer, den Donner usw.) regierte.

Auch der christliche Gottesbegriff wurde selbstverständlich durch den historischen Horizont, in dem er entstand, beeinflußt. Ohne Zweifel verweist er auf die Erfahrung des Absoluten, aber auch auf eine Erfahrung der Theophanie (Jahwe) und einer Epiphanie (Jesus), wie sie in einer bestimmten Zeit und an einem bestimmten Ort in Erscheinung traten. Das, was das Wort »Gott« besagt, wurde in einem besonderen geistigen und soziologischen Zusammenhang gedacht und bekannt und in einer bestimmten Sprache oder Sprachfamilie ausgedrückt. Pascal hatte recht mit seiner Beobachtung, daß der Gott der Philosophen nicht der Gott Abrahams, Isaaks und Jakobs war. Ist es daher verwunderlich, daß die anderen »Philosophen« und insbesondere die anderen Weisen Schwierigkeiten haben, das Absolute, das sie erfahren haben, in dem Gott der Väter und dem jüdisch-christlichen Glauben zu erkennen?

Ein Gottesbegriff, der durch die traditionelle Struktur der mediterranen Welt beschränkt ist, bringt eine Reihe bedeutender Probleme mit sich. Es lassen sich etliche metaphysische Probleme anführen, welche die Denker und Theologen unerbittlich verfolgen, wie zum Beispiel die Existenz des Bösen und des Leidens, die Schwierigkeit, wenn nicht Unmöglichkeit, einer Versöhnung von menschlicher Freiheit und göttlichem Willen, der Begriff der »Person« usw.

Unsere Epoche ist sehr hellhörig für die Schwierigkeiten, die der personalistische Gottesbegriff mit sich bringt. Wenn Gott eine Person ist, dann paßt er sich dem menschlichen Ideal der Person nur schlecht an. Zeigt er sich uns nicht oft als ein gleichgültiger Vater angesichts des Bösen, und scheint er sich an dem Leiden seiner Kinder nicht sogar zu weiden? Als Preis der Sünde fordert er das Blut seines Sohnes, den er aus »Liebe« zu den Menschen opfert. Könnte man da nicht vielmehr von Grausamkeit oder Sadismus sprechen? Oder ist vielleicht auch Gott einem Gesetz der Gerechtigkeit oder einem Schicksal unterworfen, das über ihm steht? Er fordert unsere Gebete, doch abgesehen von einigen wenigen Ausnahmen scheint es ihm nicht das geringste auszumachen, sie unerhört zu lassen. Ist er vielleicht unfähig, eine bessere Welt zu erschaffen? Und wenn nicht, warum wollte er, oder erlaubte zumindest, daß die Welt ist, wie sie ist, so unbefriedigend und so wenig dazu eingerichtet, das Wohlergehen und die Freude seiner Kinder zu fördern? Wenn das Wesen der Liebe und der personalen Beziehungen der Dialog ist, warum ist es dann nicht möglich, mit ihm einen wirklichen Dialog von Person zu Person zu führen? Darin bestand die eigentliche Klage Hiobs: daß er sich gezwungen sah, einen »dialektischen« Monolog des blinden Glaubens zu führen.

Gewiß haben alle möglichen Theologien versucht, diese und ähnliche Probleme zu lösen, indem sie die Antworten ebenso verfeinerten wie den Gottesbegriff selbst. Unsere Frage hier ist trotzdem die vorhin gestellte: Wir fragen uns, ob ein ausschließlich personaler Gottesbegriff der Gottheit gerecht wird.

Schließlich verbirgt dieser Gott sich auf so vollkommene Weise, daß man, wenn man will, seine Existenz leugnen oder so handeln kann, als würde er nicht existieren, ohne daß dies irgend welche Folgen hätte. Eine einzige falsche Note in der heiligen Musik Chinas gefährdete die Harmonie des Universums, und wer sich vermaß, die »kanonische« Harmonie zu stören, dem drohte die Todesstrafe. In ähnlicher Weise wurde im christlichen Mittelalter ein Mensch, der einen heiligen Gegenstand, etwa ein Gemälde, zerstörte oder beschädigte, entsprechend streng bestraft, als ob der verstümmelte Teil lebendig wäre. Eine winzige Störung des Gleichgewichts in der subatomaren Welt, auch wenn sie für die Sinne nicht wahrnehmbar ist, bringt die Gefahr mit sich, in einem ungeheuer großen Teil des Universums ein Chaos anzurichten. Soll Gott der Einzige sein, der sich ungestraft manipulieren läßt? Es ist leicht zu verstehen, daß der Buddha, um Gott zu »retten«, sich dafür entschied, im Schweigen zu verharren, in einer Haltung, die das *andere* Antlitz der Gottheit entdeckte, seine apophatische, *kenotische* Dimension: das »Nicht-Antlitz«.

Die Frage, die sich nunmehr stellt, ist daher die folgende: Gibt es eine Erfahrung des Göttlichen, die sich nicht auf den interpersonalen Dialog verkürzen läßt? Ist eine authentische Spiritualität vorstellbar, in der das Göttliche kein »Du« für den Menschen noch sein Gebot die höchste Instanz jeder Vollkommenheit ist? Kurz gesagt, erschöpft das Mysterium des Göttlichen sich in seiner Entdeckung als *Person*?

Hier ist der Ort, an dem der Hinduismus, ebenso wie andere Religionen, etwas zu sagen hat. Die Upanishaden weisen auf eine religiöse Haltung hin, die sich nicht auf den Glauben an ein göttliches »Du« gründet, noch auf die Souveränität eines göttlichen Willens, sondern auf die überrationale Erfahrung einer »Wirklichkeit«, die uns auf irgend eine Weise zu sich hin, in ihr Inneres »einatmet«. Der Gott der Upanishaden spricht nicht. Er ist nicht das Wort. Er inspiriert, er ist *spiritus*, Geist.

Im personalistischen Schema ist Gott nicht einfach der Anfang aller Dinge, der Seinsgrund, sondern ein Jemand, eine Person, die eine andere Person zu sich ruft, welche sich sozusagen ihm gegenüber befindet und fähig ist, seine Liebe mit Liebe zu erwidern oder sich ihr zu verweigern.

Im Mittelpunkt der upanishadischen Vorstellung steht keine Spiritualität des Gerufenwerdens und Antwortens, noch der Annahme und Verweigerung. Die grundlegenden Kategorien sind Erkenntnis und Unwissenheit. Das Absolute ist die Entdeckung der eigenen Verwirklichung, das heißt, der Erfahrung, in der sie erreicht wird. Die

Begegnung findet nicht auf der Ebene des Dialogs statt. Der Dialog wird transzendiert, so daß sogar die Vorstellung einer Begegnung an sich ihre *Raison d'être* verliert, und so werden wir in die Sphäre der Vereinigung gehoben.

Indem sie die verschiedenen Begriffe studiert, die der Mensch sich von der Gottheit gemacht hat, unterscheidet die Religionswissenschaft zwischen einem immanenten und einem transzendenten Gott, Konzepte, die auf den ersten Blick einander entgegengesetzt zu sein scheinen. Wenn wir von einem transzendenten Gott sprechen, denken wir sofort an einen Gott, der *von oben herab* ruft, befiehlt und lenkt. Dann stellen wir diesen Gott einem immanenten Gott gegenüber, der *in uns* ist und uns verwandelt, indem er uns sich einverleibt.

Tatsächlich interpretiert das moderne Abendland die Idee der Transzendenz häufig im Sinne eines reinen Außen – der andere Gott, der Gott in der Höhe – und die Vorstellung der Immanenz im Sinne einer reinen Innerlichkeit – als eine Form der göttlichen Präsenz in der Seele, eine innere Anwesenheit. Bei genauerem Zusehen schwindet dieser scheinbare Gegensatz: Nicht nur der »äußere Gott« ist der »ganz andere«, sondern auch die Konzeption des »inneren Gottes« setzt ein »anderes« voraus. Sie mündet gleichsam in ein »anderes Außen«, wenn auch im entgegengesetzten Sinn. In dieser Konzeption wird das menschliche Subjekt vom »inneren Gott« ebenso »transzendiert« wie von der Transzendenz des »äußeren Gottes«, mit dem einzigen Unterschied, daß man, statt *den anderen* in der Höhe anzusiedeln, jetzt den, der sich »innen« nennt, als »draußen« vorstellt: Das ist die unausweichliche Folge, die sich aus der Anwendung jedweder räumlichen Vorstellung auf das Mysterium Gottes ergibt. Der Mensch bleibt in irgend einer Form *im Mittelpunkt*: Oben ist die Transzendenz, unten die Immanenz.

Diese Vorstellung der Transzendenz und Immanenz, die den transzendenten Gott zu einem »äußeren« und den immanenten Gott zu einem »inneren« – sozusagen zu einem »Mietling« der Seele – macht, ist jedoch äußerst eng und begrenzt. Sie kann nicht Rechenschaft

geben von dem, was die Mystiker aller Zeiten und Kulturen über die wahre Transzendenz und Immanenz Gottes erfahren haben.
Die göttliche Immanenz im rechten Sinn des Wortes bezieht sich nicht auf einen Gott, der gleichsam in unserem Inneren eingeschlossen und gleichzeitig so unerbittlich von uns getrennt ist wie in seinem transzendenten oder äußeren Aspekt. Ebenso wenig läßt sich die wahre göttliche Transzendenz auf einen Aspekt des Außen, ja nicht einmal auf den der »Andersheit« Gottes reduzieren. Der wahre Begriff der Transzendenz überschreitet alle menschlichen Schranken und stellt Gott in das unzugängliche Licht, von dem der Apostel Paulus uns berichtet, in das tiefe Dunkel der dionysischen Mysterien, ans andere Ufer des Flusses, wenn wir im Sinne der Upanishaden und des Buddha reden; mit anderen Worten, er ist weiter entrückt als irgend eine »wirkliche Beziehung«. Die Transzendenz setzt eine Heterogenität zwischen Gott und dem Menschen voraus und weist jede Beziehung zurück, die sich an der Wurzel des religiösen Anthropomorphismus findet, ob er nun ikonolatrisch oder personalistisch ist. Die wahre göttliche Transzendenz kann nicht der sogenannten natürlichen und rationalen Ordnung angehören; wenn man diese Ordnung nicht überwindet, wird man im strengen Wortsinn unfähig, etwas über das Absolute auszusagen oder zu denken.
Der Atheismus, der alles negiert, was die menschliche Vernunft bezüglich Gott auszusagen versucht, von seiner Existenz angefangen, ist ein eloquenter Wortführer dieser göttlichen Transzendenz. Wir müssen sogleich hinzufügen, daß die Kritik des Atheismus am göttlichen Mysterium, wenngleich sie hinsichtlich der von Menschen ausgedachten Ideen über Gott reinigend wirken kann, die diamantene Lauterkeit der absoluten Transzendenz, die *per definitionem* von jeder Verneinung noch weiter entfernt ist als von jeder Bejahung, niemals zu beflecken vermag.
Der Übergang des Menschen zur göttlichen Transzendenz sowie ihre Entdeckung ist nur möglich, wenn die Initiative von der Transzendenz Gottes ausgeht und in seiner Immanenz »geerdet« ist. Immanenz und

Transzendenz sind wie ein untrennbarer Doppelbogen; keiner der beiden kann sich ohne den anderen halten. Die göttliche Immanenz hat ihren Grund in der Transzendenz und umgekehrt. Noch besser könnte man sogar sagen, daß der Bogen weniger zwischen Mensch und Gott gespannt ist als zwischen der göttlichen Immanenz und Transzendenz. Der Mensch befindet sich im Herzen der Polarität von Immanenz und Trannszendenz oder, besser gesagt, in der wechselseitigen Intimität zwischen beiden oder, mit anderen Worten, der Mensch verwirklicht Gott und sein eigenes personales Sein, wenn er sich von dieser göttlichen Dynamik durchdringen läßt.

Wenn die Transzendenz wirklich eine Transzendenz ist, dann ist die Immanenz nicht eine negative Transzendenz, sondern eine wahre und nicht reduzierbare Immanenz. Ein nur immanenter Gott kann kein Gott als Person, kein »Jemand« sein, zu dem man eine persönliche Beziehung unterhalten kann, kein Gott als der *andere*. Mit einem immanenten Gott kann man nicht *reden*. Wenn ich es versuche, hebe ich die Immanenz auf, weil ich sie ja zum *anderen* und zum *Äußeren* mache. An einen immanenten Gott kann ich nicht *denken*, denn wenn ich es versuche, würde ich ihn in ein *Objekt* meines Denkens verwandeln und ihn nach vorne und außerhalb von mir projizieren. Der immanente Gott kann nicht ein Jemand sein, der in mir existiert oder lebt, als wäre er in meinem Inneren verborgen oder eingeschlossen. Offensichtlich hat weder die Transzendenz noch die Immanenz einen räumlichen Charakter und ebenso wenig irgend einen unmittelbaren Bezug zu einer ontologischen Kategorie. Mit dem heiligen Augustinus zu sagen, daß Gott *intimior intimo meo* (innerlicher als mein innerstes Wesen) sei, genügt nicht, um die wahre Immanenz auszudrücken, und daher kann der immanente Gott nirgends sein, weder jenseits noch hinter etwas, ohne daß seine Immanenz sich verflüchtigt. Er ist nicht *intimior*; man könnte höchstens sagen, daß er *intimissimum* sei. Die Immanenz Gottes ist etwas völlig anderes als seine Einwohung in uns. Der immanente Gott hat es nicht nötig, irgend einen Ort in der Seele zu »mieten« oder geduldig zu warten, daß man ihm einen Winkel »im Inneren« zuweist, wo er sich niederlassen kann. Die Idee, daß Gott in der Seele wohne, ist lediglich ein blasser und ferner Abglanz der wahren Immanenz. Der Mensch ist nicht der Gastwirt eines immanenten Gottes. Die überlieferte Vorstellung von »Gott« ist herkömmerlicherweise so sehr mit dem vorher skizzierten, gewohnten Begriff der Transzendenz verbunden, daß dem immanenten Aspekt des Göttlichen nur in einem uneigentlichen Sinn der Name »Gott« zuerkannt werden kann. So kann zum Beispiel die Bezeichnung »Schöpfer« als Attribut (des transzendenten) Gottes kein Prädikat der immanenten Gottheit sein, denn wie könnte diese sich selbst erschaffen?

Das Göttliche ist nicht nur Gott im Sinne des Anderen, des Transzendenten, der Person, die im Jenseits und daher Meister, Herr, Schöpfer, Vater ist – lauter Bezeichnungen, die den Vorstellungen des Jüngers, des Dieners, des Geschöpfes, des Sohnes entsprechen –, sondern in der Terminologie der Upanishaden ist es ebenso sehr *âtman*, das Selbst, *aham*, das Ich, *brahman*, der letzte Grund aller Dinge. Mit einem Wort, *Gott* und *brahman* sind sozusagen dieselbe Wirklichkeit, aus zwei entgegengesetzten Perspektiven betrachtet, wobei *Gott* der Scheitelpunkt und *brahman* die Basis des Dreiecks ist, das die Gottheit symbolisiert.

So stellt sich uns nun die folgende Alternative: ob die Bezeichnung »Gott« beizubehalten sei, um die Dimension der Transzendenz, der Vorrangstellung, der Andersheit, des Absoluten zu bezeichnen, wobei man der Dimension der Immanenz einen anderen Namen gäbe, wie *brahman*, *âtman*, Grund, Anfang; oder ob die Bedeutung des Wortes *Gott* zu erweitern wäre, um darin auch diese zweite Dimension unterzubringen. Die erste Lösung würde sicher gewisse Schwierigkeiten vereinfachen. Sie würde zunächst den Dialog klären zwischen den sogenannten monotheistischen Religionen, die eine deutliche Neigung zum Begriff der Transzendenz haben, und jenen anderen, die mehr die Dimension der Immanenz betonen. Allerdings würde eine solche Vereinfachung, auch innerhalb der monotheistischen

Religionen, nicht den ganzen Reichtum der jeweiligen Überlieferungen berücksichtigen. Man kann ebensowenig den islamischen Sufismus ignorieren, wie man die mystischen Erfahrungen des Judentums und des Christentums beiseite lassen kann.
Wenn die Überlieferung nicht schon so überfrachtet wäre, würde ich dazu neigen, das Wort *Gott* zu verwenden, um den transzendenten, und das Wort *Gottheit*, um den immanenten Aspekt der Wirklichkeit zu bezeichnen.

Ließe sich eine Religion vorstellen, die ausschließlich auf unsere »Beziehung« zur (immanenten) Gottheit gegründet wäre? Ich glaube nicht, und zwar aus dem einfachen Grund, weil eine Beziehung zum Absoluten nicht einmal vorstellbar ist, wie vorhin erläutert wurde. Müssen wir daher die immanente Dimension aus der Religion ausschließen? Ebensowenig! Die Dimension der Immanenz ist so etwas wie der Horizont, aus dem der Gott der »Religionen«, der lebendige und wahre Gott, hervorgeht. Und das ist genau der Punkt, der ihn davor bewahrt, als ein bloßes Idol zu erscheinen, und verhindert, daß er sich im Anthropomorphismus verliert. Erscheint die Dimension der Immanenz nicht wie ein Flußbett, verborgen und immer überflutet, wie der feste Boden, auf dem die wandelbare Strömung des Daseins dahinfließt, wie die unsichtbare Luft, die das Leben erhält, wie der leere Raum, der für jede Kommunikation nötig ist, wie die kosmische Matrix, ohne die irgend eine Befruchtung unmöglich wäre?
Die einzige »Beziehung«, die sich zum *brahman* herstellen läßt, besteht in der Durchbrechung und Verneinung aller angenommenen Beziehungen. Das tiefe Gebet ist das Gebet eines Geschöpfes, das kein Bewußtsein des Beters noch des Gebets hat. Das wahre Vertrauen ist sich seines Vertrauens zu sich selbst, zu einem anderen oder zu irgend einer anderen Sache nicht bewußt. Das Denken erzeugt automatisch den Dualismus und von daher sozusagen einen Spalt, durch den der Zweifel oder das Mißtrauen eindringen kann. Kurz gesagt,

nur die unmittelbare, *ek-statische* Haltung, die auf keine Weise sich selbst reflektiert, nicht einmal um sich ihrer bewußt zu werden, gestattet ein Eintreten in die Kommunikation – oder, so könnten wir besser sagen, in die Kommunion – mit dem letzten Grund aller Dinge. Dies ist im wesentlichen das, was die *Mândûkya Upanishad* (7) »den vierten Bewußtseinszustand«, *turîya*, nennt:

»Was nicht das innere Bewußtsein
noch das äußere Bewußtsein ist,
noch beides zugleich;
was nicht nur im festen Bewußtsein besteht,
das weder bewußt noch unbewußt ist;
das unsichtbar, unzugänglich, ungreifbar, unbestimmbar,
undenkbar, unbenennbar ist,
dessen Wesen in der Erfahrung des eigenen Selbst besteht;
das alle Vielfalt aufsaugt,
ruhig und milde,
ohne ein zweites,
das sich der vierte Bewußtseinszustand nennt –
dies ist der *âtman.*«

Man kann die Existenz Gottes, ausgehend von bestimmten Prämissen, beweisen, das heißt: zeigen; man kann aber nicht die Existenz des *brahman* beweisen. Denn *brahman ek-sistiert* nicht. Es ist nicht der Schöpfer, der Ursprung der *ek-sistentiellen* Spannung zwischen Gott und dem Geschöpf. *Brahman* besitzt keine *Ek-sistenz*, weil es keine *Konsistenz* hat. Wenn man (um das Unmögliche anzunehmen) die Existenz des *brahman* beweisen könnte, so könnte das Ergebnis dieser Demonstration per definitionem weder *brahman* noch die Gottheit sein.
Der einzige Weg zur Entdeckung des *brahman* ist die Offenbarung in dem Sinne, daß alle Schleier des *Daseins*, samt dem des Ichs, gelüftet werden, das heißt, samt dem Schleier dessen, der den

Aufstieg, oder besser gesagt, den Abstieg auf der Suche nach dem *brahman* unternimmt. Auf seinem Weg zur Entdeckung des letzten Grundes vermag das Ich den Spuren nicht bis ans Ende zu folgen. Wenn es diesen Versuch unternimmt, verschwindet es unweigerlich; es kann nur fortdauern und überleben, wenn es auf seinem Weg anhält. »Wer zurückkehrt, kehrt nur deshalb zurück, weil er nicht weiter als bis zur Hälfte des Weges gekommen ist...«, schrieb der Mystiker al-Misrî bezüglich des Aufstiegs Mohammeds. Nur *aham*, das Ich, bleibt absolut, das Eine ohne ein Zweites, der *âtman*.

Es ist diese Entschleierung der Gottheit, des letzten und immanenten Seinsgrundes der Wesen, von der die Upanishaden Zeugnis ablegen. Ihre Rolle in der historischen Entwicklung des menschlichen Bewußtseins scheint darin zu liegen, daß sie in die Erfahrung des Menschen diese außerordentliche Bereicherung eingebracht haben, welche die Berührung mit der immanenten Dimension des Absoluten gewährt.

Wir haben natürlich kein Recht, die andere Dimension zu ignorieren, und die Upanishaden vermeiden eine solche Haltung. Es fehlt nicht an theistischen Texten, insbesondere in einigen Upanishaden; außerdem sollten wir nicht vergessen, daß die Upanishaden in der Entwicklung des religiösen Bewußtseins von Indien die durch die Veden repräsentierte personalistische und ikonolatrische Phase fortsetzen und ergänzen. Eine rein immanente Spiritualität wäre noch verkehrter als eine, die sich nur auf die Transzendenz gründet und im Absoluten nicht mehr sieht als Gott, *den anderen*, usw. Sowohl der Dualismus als auch der Monismus sind gleichermaßen verfehlt.

Angesichts der zahlreichen fehlerhaften Deutungen, die sowohl im Westen wie im Osten vorgebracht werden, ist eindringlich zu betonen, daß die zentrale Botschaft der Upanishaden, nach ihrem vollen Wortsinn (*sensus plenior*) ausgelegt, weder der Monismus noch der Dualismus noch der Theismus ist, der aus einigen von ihnen hervorgeht, sondern *advaita*, das heißt der nicht-duale Charakter des Wirklichen, die Unmöglichkeit, Gott der Welt hinzuzufügen oder umgekehrt, Gott und die Welt als *dvandva* zu verstehen, als Bestandteile eines Gegensatzpaares. Für die Upanishaden ist das Absolute nicht nur transzendent, sondern transzendent und immanent zugleich, alles in einem.

Die Dimension der Transzendenz schließt die monistische Identifikation aus, während diejenige der Immanenz die dualistische Scheidung verhindert. Gott und die Welt sind weder eins noch zwei. Die Tatsache, daß sie nicht zwei sind, liegt ebenso auf der Hand wie die, daß sie nicht eins sind. Wenn sie eins wären, könnte man kaum im eigentlichen Sinn von Gott *und* der Welt sprechen, da es dann ja nur eine Sache gäbe: entweder Gott oder die Welt. Der Monismus ist daher entweder ein Atheismus oder ein Pantheismus. Wenn sie zwei wären, wäre Gott nicht das Absolute, denn dann wäre das gemeinsame »Element«, das Prädikat beider, das Gott und die Welt zugleich einschließt, höher und umfassender als sie, was aber der Definition Gottes als das Absolute widerspricht. Es ist sehr begreiflich, daß mehr als eine Religion dazu neigt, nur von Gott – oder von den Göttern – zu sprechen, und nicht vom Absoluten. Gott ist dann das höchste Seiende, aber nicht das Sein.

Wenn man diese beiden Aussagen – nämlich, daß Gott und die Welt weder eins noch zwei sind – jede für sich betrachtet, stellen sie für das Denken gar kein Problem dar. Es ist jedoch etwas ganz anderes, wenn man sie *zusammen* zu denken und zu verstehen sucht. Sich selbst überlassen, befällt die menschliche Vernunft unerbittlich eine Lähmung, wenn sie dieses Problem zu lösen versucht. Außerdem können wir *a priori* die folgende Behauptung aufstellen: Wenn die Vernunft allein in der Lage wäre, das Rätsel der Wirklichkeit zu ergründen, wäre sie eben dadurch eindeutig göttlich, was soviel heißen würde, wie die Wirklichkeit auf die Rationalität zu reduzieren, weil die Realität für die Vernunft völlig transparent wäre. Die Vernunft kann den Satz vom Widerspruch nicht überschreiten, aber um zum Kern dieses Problems zu gelangen, ist es nötig, genau das zu tun. Es ist wichtig, hervorzuheben, daß dies nicht bedeutet, die Gültigkeit des Satzes vom Widerspruch zu verneinen, noch daß *advaita* seine Verneinung impliziert. Es wäre ein Widerspruch zu sagen, daß Gott und die Welt gleichzeitig eins *und* zwei (= nicht-eins) *sind. Advaita* dagegen besagt, daß Gott und die Welt eine einzige Sache *nicht sind*, und auch nicht zwei verschiedene Sachen, kurz, weder eins noch zwei, *an-eka, a-dvaita.*

Gibt es also eine andere »Fakultät«, die gleichzeitig begreifen kann, daß die Wahrheit dieser zwei Sätze und ihre Verbindung weder in der Ergänzung noch in der schlichten Wechselseitigkeit liegt, sondern daß die Wahrheit eines jeden in dem anderen immanent ist? Der *vedânta advaita* (und praktisch jeder Mystiker würde damit übereinstimmen) besagt, daß es diese »Fakultät« gibt, und nennt sie *anubhava*, Erfahrung, Intuition sowie Gnade, Glaube, Geschenk, Offenbarung. Wenn man gesehen, gespürt, erfahren hat, daß Gott in allem ist, daß alles in Gott ist, daß Gott dennoch nichts von dem ist, was ist... dann ist man der Verwirklichung, der authentischen *advaita*-Erfahrung nahe, die wie jede echte Erfahrung nicht mitgeteilt noch mit Worten, Begriffen oder Gedanken ausgedrückt werden kann. In der *Gîtâ* (IX,4-5) zum Beispiel heißt es in dem für sie charakteristischen knappen Stil:

> »Alle Wesen befinden sich in mir,
> doch ich wohne nicht in ihnen;
> und nicht in mir befinden sich die Wesen.
> Schaue meine göttliche Kunst! (*yogam aisvaram*):
> Mein Selbst (*âtman*), das die Wesen werden läßt,
> erhält die Wesen und besteht doch nicht in diesen Wesen.«

Die gesamte *shruti*, die hinduistische Offenbarung, führt zu diesem Punkt und nur dorthin: sie erleichtert das Verständnis, daß der *âtman brahman* ist (*ayam âtmabrâhma*, *Mând. Up*. 2); daß es nur das *Ich bin* gibt (*aham asmi*, *Brihad. Up*. I,4,1); und daß mein *ich* nur *du* ist, wie wir gleich erläutern werden.

Während also der Dialog, das Lob- und Bittgebet, zusammen mit der Liebe und der Befolgung des göttlichen Willens die religiösen Grundkategorien des Personalismus sind, bestehen die Grundhaltungen des *advaita* im Schweigen, im Verzicht, in der vollkommenen Ergebung, der absoluten Loslösung. Die Spiritualität des *advaita* lehnt jeden Anthropomorphismus ab. Sie ist zum Beispiel unfähig, die Sünde als eine »Beleidigung« Gottes zu betrachten, und verhält sich unempfindlich gegenüber frommen Betrachtungen, die etwa Reue oder Dankbarkeit im Herzen des Menschen erwecken könnten, indem sie auf die Liebe hindeuten, die Gott ihnen erweist, und auf die Tatsache, daß er für sie gelitten hat. All dies ist reiner Anthropomorphismus in den Augen des *advaitin.* Dem »lieben Gott« Dank zu sagen, daß er *mich* geschaffen, *mich* erlöst hat und ähnliche Formulierungen, erscheinen ihm als der höchste Egoismus, denn sie setzen eine Verlagerung des Schwerpunkts vom Ungeschaffenen zum Geschaffenen voraus. Nichts dergleichen kommt – gemäß einer bestimmten *advaita-* Spiritualität – an die Erfahrung des Absoluten heran.

Sogar die Werte, die von der personalistischen Spiritualität ebenso wie vom *advaita* anerkannt werden, nehmen eine ganz verschiedene Bedeutung an, je nachdem, ob sie in der Atmosphäre des einen oder anderen dargelebt werden. Im Rahmen einer personalistischen Spiritualität besteht die Kontemplation vor allem in einer liebenden und mehr oder minder unmittelbaren Anschauung der Schönheit, Vollkommenheit und Wahrheit des anderen, die in irgend eine Form der *Liebesekstase* mündet. Im *advaita* ist die Kontemplation einfach die Schau der umfassenden Wirklichkeit, in der für das psychologische Ich als solches kein Platz mehr ist; es ist die Erfahrung des Absoluten in seiner Einfalt und Vielfalt, die vollkommene Freude, die durch die *en-stasis der Vereinigung* erlangt wird.

Es ist unmöglich, die spirituelle Haltung angemessen zu beschreiben, die im eigentlichen Sinn unaussprechlich ist. Sie wurde manchmal das Mysterium des Seins genannt, da man sie am besten mit der

Terminologie des Seins ausdrückt, aber nicht einmal dieser Begriff des Seins vermag der Erfahrung des *advaita* gerecht zu werden. Der Theist hat eine Erfahrung von Gott als dem anderen, gerade weil er vom Subjekt des *Ich* als dem Subjekt der Erfahrung ausgeht. Der *advaitin* dreht diese Ordnung um. Die Gottheit kann nicht als das andere bezeichnet werden, weil es auf dieser Ebene kein *Ich* als Subjekt gibt, das diese Erfahrung machen könnte. Für den *advaitin* ist die Gottheit nicht etwas, das in mir oder außerhalb von mir ist; die Erfahrung ist nicht etwas, was *ich* habe, sondern sie ist vielmehr wie ein Licht, in dem das Wirkliche erleuchtet und entdeckt wird. Was der *advaitin* erkennt, ist nicht sein Nichts, das sich ihm kundtut, sondern die Fülle, die sich *in sich selbst* offenbart. Daher gibt es in der Erfahrung des *advaitin* keinen Platz für das *Ich*. Die Erfahrung *ist*, und das ist alles. Jede Rückkehr zum *Ich* würde die Erfahrung des *advaitin* zunichte machen. Sie ist unaussprechlich, weil es kein *Ich* gibt, das sie beschreiben oder von ihr Zeugnis ablegen könnte.

Jñânamârga, der Weg der Erkenntnis, der reinen Kontemplation, der ontologischen *theoreia*, ist der Weg par excellence des *advaita*. Für den *advaitin* geht es nicht darum, die Welt zu verändern, ja, nicht einmal darum, sich selbst zu verändern, wie es für den *karma-yogin* zutrifft. Ebensowenig geht es ihm um kultische Gottesverehrung oder darum, Gott im höchsten Maße zu lieben wie der *bhakta*. Es ist einfach eine Frage der Selbstvergessenheit, der völligen Hingabe an Gott und deshalb sogar des Verzichts darauf, ihn zu lieben, eines Verzichts, der nicht aus einem Mangel an Liebe kommt, sondern der im Gegenteil auf einer tieferen Ebene das Zeichen einer Liebe ist, die reiner ist und »weiter geht«, die keine Erinnerung ihrer selbst mehr besitzt, weil sie ganz in den Geliebten eingegangen ist. »Ich beschwöre euch…, daß ihr die Liebe nicht aufweckt und nicht stört…« (Hoheslied II,7). Es handelt sich dabei natürlich nicht um eine dualistische Erkenntnis. *Advaita jñâna* hat kein Objekt, und der Erkenntnis sind keine Grenzen gesetzt. Tatsächlich kann man den

Erkennenden nicht als Objekt erkennen, ohne ihn in das Erkannte zu verwandeln (*Brihad. Up.* IV,5,15 und III, 4,2). Wenn man ihn erkennt, dann nur, indem man mit ihm erkennt, indem man in diesem Erkennen selbst der Erkennende ist. Wenn es kein Objekt gibt, verliert das Subjekt seine Raison d'être. Aber kann das Subjekt sich selbst erkennen, ohne sich in das Objekt seines eigenen Erkennens zu verwandeln? Nur eine trinitarische Antwort bietet einen Ausweg aus dieser Sackgasse.

II. Die Trinität

Während meines Aufenthalts in Rom anläßlich des Vatikanischen Konzils vertrauten mir einige afrikanische Bischöfe ihre Bestürzung darüber an, daß es unmöglich sei, in ihren eigenen Sprachen geeignete Wortze zu finden, um die Bedeutung von Wörtern wie *Natur* und *Person* zu übersetzen: Diese Begriffe seien in jenen Sprachen unbekannt. In meiner Antwort konnte ich nur meine Bewunderung für diese Sprachen zum Ausdruck bringen, mein Bedauern, daß ich sie nicht kannte, und die Hoffnung, daß sie eines Tages einen beachtlichen Beitrag zur Erneuerung des Kerns der christlichen Lehre würden leisten können. So bedeutend der Wert der konziliaren und dogmatischen Formulierungen auch sein kann, so erheben sie doch letztlich nicht den Anspruch, die Gesamtheit der göttlichen Wirklichkeit zu umfassen, die sie an allen Ecken und Enden grenzenlos überflutet. Wir dürfen auch nicht vergessen, daß die Worte *Natur* und *Person* im Neuen Testament nirgends gebraucht werden, um das Mysterium der Trinität auszudrücken, und daß die ersten Generationen der Christen ihren Glauben an die Trinität lebten, ohne sie irgendwie zu kennen.

Wie dem auch sei, ich habe nicht die Absicht, hier die trinitarische Lehre darzulegen. Ich möchte einfach zeigen, wie im Lichte der Trinität die vorhin geschilderten drei Formen der Spiritualität in Einklang gebracht werden können. In der Tat erlaubt uns nur die trinitarische Schau der Wirklichkeit, wenigstens die allgemeinen Linien der Synthese dieser drei offenbar nicht reduzierbaren Begriffe des Absoluten anzudeuten. Die sehr verbreitete und »moderne« Tendenz, jedes *Geheimnis* als »geheimnisvoll« (in seiner sekundären Bedeutung des Obskuren und Unergründlichen) zu betrachten, hat dazu beigetragen, daß das trinitarische Geheimnis – das reine Licht – immer mehr in Gegenständen und Begriffen umhüllt wurde, die für den christlichen Lebensvollzug praktisch nutzlos sind. (Wozu dient es, wenn es völlig unverständlich ist?) In Wirklichkeit jedoch ist die Trinität nicht nur der Grundstein des Christentums von einem theoretischen Gesichtspunkt, sondern auch die praktische, konkrete und existentielle Basis des christlichen Lebens. Dies bedeutet, daß die klassische Auslegung der Dreifaltigkeit nicht die einzig mögliche ist, und daß es nicht unmöglich ist, über die trinitarische Lehre theoretisch hinauszugehen, obwohl man in diesem Fall eine umfassende Formulierung finden müßte, die das miteinschließt, was die Trinität herkömmlicherweise bedeutet hat. Christus beruft sich mehrmals auf einen, der größer ist als er, auf einen anderen, der kommen wird. Anders gesagt: Man kann Christus nicht denken ohne einen höheren, früheren und späteren Bezugspunkt. Nach allen Richtungen findet eine Öffnung statt: Dies ist Christus als Offenbarung des trinitarischen Geheimnisses, der gleichzeitig das Menschliche (»Geschaffene«) und das Göttliche umfaßt. Wir wollen diesen christologischen Gedanken aber nicht weiter verfolgen, da unser Thema einfach die Erweiterung und Vertiefung des Geheimnisses der Trinität ist in einer Weise, die dazu dienen kann, die verschiedenen Formen zu verstehen, die dieses Geheimnis in anderen überlieferten Religionen annimmt.

Deshalb kann die Trinität als ein Schnittpunkt betrachtet werden, in dem die echten spirituellen Dimensionen aller Religionen sich begegnen. Die Trinität ist auch die Offenbarung Gottes in der Zeit, die Erfüllung dessen, was Gott über sich selbst dem Menschen »gesagt« hat, was der Mensch zu erreichen und über Gott in seinem Denken und seiner mystischen Erfahrung zu erkennen fähig war. In der Trinität findet eine wahre Begegnung der Religionen statt, deren Resultat nicht eine vage Verschmelzung oder eine gegenseitige Verwässerung ist, sondern eine echte Bereicherung aller religösen, ja sogar kulturellen Elemente, die in jeder von ihnen enthalten sind.

Denn in der trinitarischen Schau konvergieren die tiefsten Visionen und überschreiten dabei das Erbe einer bestimmten Kultur. Durch die Vertiefung des trinitarischen Verständnisses findet eine tiefgreifende Begegnung und gegenseitige Befruchtung der verschiedenen spirituellen Ausrichtungen statt, ohne die besonderen Grundlagen der verschiedenen religiösen Überlieferungen zu vergewaltigen oder zu verletzen.

Dagegen ließe sich einwenden: Warum bestehe ich darauf, weiterhin von der Trinität zu sprechen, wenn ich einerseits einen Begriff von ihr biete, der weit über die christliche Überlieferung hinausgeht, und wenn andererseits ihre enge Bindung an eine besondere Religion eine Einschränkung ihrer Bedeutung voraussetzt, wobei zu bedenken ist, daß eine Religion sich nur schwer einem Schema anpaßt, das nicht ihr eigenes ist?

Auf diesen Einwand würde ich folgendermaßen antworten: Erstens gibt es eine echte Kontinuität trotz der Entwicklung oder Vertiefung, die bis zum Ende geführt werden kann, zwischen der Theorie der Trinität, die ich im folgenden skizzieren werde, und der christlichen Lehre. Zweitens bin ich überzeugt, daß die Begegnung zwischen den Religionen sich nicht auf neutralem Boden ereignen kann, in einem »Niemandsland«, was einen Rückfall in einen unbefriedigenden Individualismus und Subjektivismus darstellen würde. Die Begegnung kann nur im Zentrum der religiösen Überlieferungen stattfinden, natürlich vorausgesetzt, daß sie nicht durch eine totale Sklerose gelähmt sind. Drittens eröffnet mein Vorschlag eine Möglichkeit des Dialogs und könnte von jedem anderen Punkt ausgehen, wenn sich dazu ein geeigneter Ansatz bieten würde. Viertens ist es fast unmöglich, von allen konkreten Überlieferungen abzusehen, wenn man über diese Themen spricht, da die Begriffe ja von eben diesen Traditionen bestimmt sind. Da es nötig ist, sich für eine von diesen zu entscheiden, wird man mir nicht vorwerfen, daß ich die christliche Terminologie als Ausgangspunkt wähle. Was die Ergebnisse betrifft, haben unser Leben und unser Dialog eine offene Zukunft vor sich.

Der Vater

Das Absolute ist eins. Es gibt nur einen Gott, eine einzige Gottheit. Zwischen dem Absoluten und dem Einen, Gott und der Gottheit, gibt es weder einen Unterschied noch eine Trennung: Die Identität ist allumfassend.

Das Absolute hat keinen Namen. Alle Überlieferungen haben erkannt, daß es jenseits aller Namen, »un-benennbar« ist, *a-nama, an-onym.* Die Bezeichnungen, die man ihm gibt, kommen einfach vom Menschen und beziehen sich auf ihn. Es kann *brahman* genannt werden, oder es kann *tao* genannt werden. Sobald jedoch das *tao* als solches benannt wird, ist es nicht mehr das *tao*, und sobald das *brahman* erkannt wird, ist es nicht mehr *brahman.* Der Gott, der geschaut wurde, ist nicht mehr *Gott* (oder *Theós*), denn niemand hat je Gott geschaut; »niemand kann ihn schauen und weiterleben«. Seine Transzendenz ist ein Wesensmerkmal, und nur er ist wahrhaft transzendent.

In der christlichen Überlieferung hat das Absolute einen konkreten Namen: »Der Vater unseres Herrn Jesus Christus«. Ihn hat Jesus Vater oder Gott genannt und lehrte uns, daß auch wir ihn Vater und Gott nennen sollen. Dennoch sind weder der Name »Vater« noch »Gott« dem Absoluten angemessen; es sind einfach Namen, mit denen wir es *bezeichnen.* Er ist *unser* Vater und *unser* Gott, das heißt der *Vater* und der *Gott* für uns. Aber wer ist er unabhängig von uns, in sich selbst und für sich? Letztlich hat diese Frage nicht einmal einen Sinn. Nach dem »Selbst« Gottes zu fragen, setzt ohne Zweifel die Absicht voraus, in irgend einer Weise über sein »Ich« hinauszugehen auf das »göttliche Selbst«. Aber der Ausdruck »Gott an sich« umschreibt eine »Reflexion«, die diesen unaussprechlichen Gott bereits voraussetzt (nach dessen »Selbst« wir fragen). Davon leitet sich der Begriff eines göttlichen »Selbst« ab, das einen Ursprung hat und folglich selbst weder Ursprung noch Urheber sein kann. Die

Re-flexion Gottes ist nicht mehr der Vater – weder unsere noch seine Reflexion, sozusagen.
Der Vater ist das Absolute, der einzige Gott, *ho Theós*. Die Trinität ist keine Dreigötterlehre (Tri-theismus). Es ist von großer Bedeutung, daß die erste trinitarische Formel nicht von Vater, Sohn und Geist spricht, sondern von Gott, Christus und Geist. Weder der Sohn noch der Geist sind *Gott*, sondern eben der *Sohn* Gottes und der *Geist* Gottes »gleich« dem einen Gott (*ho Theós*), als Gott (*Theós*). In diesem Punkt wird die Unzulänglichkeit der Dialektik offenkundig: Weder ist der Plural noch die Gleichheit wirklich. Im Absoluten gibt es keinen Plural, keine Vielfalt, nichts, was multipliziert oder hinzugefügt werden oder eine Dreizahl ergeben könnte: »Qui incipit numerari incipit errare«. (»Wer zu zählen beginnt, beginnt zu irren«, sagt der heilige Augustinus.) Aus demselben Grund gibt es nichts im Absoluten, was als gleich oder ungleich angesehen werden kann. Wo läßt sich daher im Absoluten ein Bezugspunkt finden, der die Bejahung oder Verneinung der Gleichheit zuließe? Vom Sohn kann nicht gesagt werden, daß er dem Vater gleich sei. Ebensowenig kann gesagt werden, daß er von ihm verschieden sei. Jedes Kriterium des Messens kommt von außen, doch außerhalb des Absoluten gibt es nichts. Dasselbe könnte man bezüglich des Geistes sagen. Das Glaubensbekenntnis von Nicäa, wie auch viele griechische Kirchenväter und sogar der lateinische Tertullian erklären, daß das »Substrat« der Gottheit im Vater wohne. Erst mit Augustinus beginnt die theologische Tradition, in der man das Substrat der Gottheit, das der Trinität Einheit verleiht, für alle drei Personen als gemeinsam erklärt.

Sicher kann man auch innerhalb dieser theologischen Traition eine gewisse populartheologische Sprache zulassen, die von der Gleichheit zwischen den »drei« Personen spricht, unter der Bedingung, daß sie keine objektivierte, sozusagen trinitarisch »desinkarnierte« göttliche Natur (die berühmte und verworfene *Quaternitas*) annimmt. Doch dieses Verbot, logische Konsequenzen zu ziehen, klingt künstlich.

Die »drei« Personen sind »gleich«, weil sie alle »Gott« sind; aber dieser »Gott« (dem sie gleich sein sollen) existiert nicht; jenseits oder getrennt von den göttlichen Personen ist er nichts.

Wir möchten hier das trinitarische Mysterium in einer direkteren Weise angehen, indem wir der dynamischeren Tradition der griechischen Kirchenväter und der lateinischen Scholastik des heiligen Bonaventura folgen.

Alles, was der Vater *ist*, überträgt er auf den Sohn. Alles, was der Sohn *empfängt*, *übergibt* er seinerseits dem Vater. Diese Schenkung (des Vaters in letzter Instanz) ist der Geist.

Vielleicht können uns die tiefgründigen Intuitionen des Hinduismus und des Buddhismus, die aus einer anderen Welt des philosophischen Diskurses stammen als der griechischen, eine Hilfe sein, in das trinitarische Mysterium tiefer einzudringen. Ist nicht letzten Endes gerade die Theologie das Bemühen des gläubigen Menschen, seine religiöse Erfahrung in dem geistigen und kulturellen Kontext auszudrücken, in dem er sich befindet?

Wenn der Vater den Sohn zeugt (und es ist eine totale Zeugung, da der Vater sich dem Sohn in seiner Fülle schenkt), so bedeutet das, daß das, was der Vater ist, auch der Sohn ist, das heißt, der Sohn ist das *Ist* des Vaters. In der Gleichung »A ist B« oder »V ist S« ist das, was »V« ist, auch »S«. »V« als »V«, getrennt und für sich, *ist nicht*. »S« ist das, was »V« ist. Auf die Frage: Was ist »V«?, müssen wir antworten: »S«. Den Sohn als Sohn zu erkennen, heißt auch, den Vater zu verstehen; das Sein als solches zu erkennen, impliziert, daß man es seinsmäßig (ontisch) überstiegen hat: das heißt, es zu erkennen. Und wenn das Erkennen vollkommen ist, dann ist es ein Sein. Dieses »Sein« ist der Sohn.

Mit anderen Worten können wir sagen: Das Absolute, der Vater, *ist nicht*. Er besitzt keine *Ex-sistenz*, nicht einmal ein Sein. Er hat sozusagen alles in der Zeugung des Sohnes hingegeben. Im Vater ist der Apophatismus (die *kenosis* oder Entleerung) des Seins wirklich und allumfassend. Dies ist es, was ich bei anderer Gelegenheit »das

Kreuz in der Trinität« genannt habe, das heißt, die vollständige Aufopferung Gottes (des Vaters), von der das Kreuz Christi und sein Selbstopfer nur Abbilder und Offenbarungen sind.
Nichts läßt sich vom Vater »an sich«, vom »Selbst« des Vaters sagen, und daher gibt es ein solches »Selbst« nicht; sonst wäre er nicht der Vater. Gewiß ist er der Vater des Sohnes, und Jesus redet ihn als Vater an, doch sogar »Vater« ist nicht sein eigener Name, obwohl er keinen anderen besitzt. Bei der Zeugung des Sohnes gab der Vater ihm alles hin, sogar – wenn wir eine solche Redeweise wagen dürfen – die Möglichkeit, sich in einem Namen auszudrücken, der ihn und nur ihn benennen würde, außerhalb jeden Bezugs zur Zeugung des Sohnes. Ist es nicht hier, in diesem wesentlichen Apophatismus der »Person« des Vaters, in dieser *kenosis* des Seins in seinem eigenen Ursprung, wo die buddhistische Erfahrung des *nirvâna* und *shûnyatâ* (Leere) anzusiedeln wäre? Wir gehen vorwärts, auf das »absolute Ziel« zu, und am Ende finden wir nichts, weil es dort nichts gibt, nicht einmal das Sein. »Gott schuf aus dem Nichts« (*ex nihilo*); »gewiß«, so würde ein Hindu hinzufügen, »aus dem Nichts, abgesehen von ihm selbst« (*a Deo*, was nicht dasselbe ist wie *ex Deo*). Dafür hat er dieses »Selbst« im Sohn, in der Zeugung des Sohnes aufgeopfert.
Brahman ist nicht, wie die Upanishaden bemerken, ein Selbstbewußtsein (das Bewußtsein des Selbst ist der *âtman*). Was der Vater erkennt, ist der Sohn, doch der Ausdruck ist zweideutig, da der Sohn nicht bloß der Akkusativ ist, das Objekt des Erkennens des Vaters. In diesem Fall könnte der Sohn nicht Person noch dem Vater »gleich« sein. Anstatt zu sagen: »Was/Wen (*quod, quem*, im Akkusativ) der Vater erkennt, ist der Sohn«, würde man fast besser sagen – trotz der dabei begangenen Vergewaltigung der Grammatik – »Wer (*quod, quis*, im Nominativ) der Vater erkennt, ist der Sohn.« Der Sohn ist nicht ein Objekt, das Erkannte des Vaters, sondern das Erkennen des Vaters, weil er das Sein des Vaters ist. Die »Identität« ist umfassend, und die Andersheit ist ebenfalls umfassend, unendlich und absolut: *alius non aliud*, wie die Scholastiker zu sagen pflegten.

Man kommt zum Vater nur durch den Sohn. *Unmittelbar* zum Vater zu gehen, hat nicht einmal einen Sinn. Wenn man das tun wollte, würde man feststellen, daß der angenommene Weg zum Vater ein Nicht-Weg, ein Nicht-Gedanke, ein Nicht-Sein ist. Sogar der Sohn erkennt den Vater nur, wenn er von ihm erkannt wird: »Du bist mein Sohn; heute habe ich dich gezeugt«, *Aham asmi, ego eimi o ôn*, »Ich bin, der ich bin«. Die Schöpfung ist der Widerhall dieses göttlichen Urschreis.

Jeder Versuch, vom Vater an sich zu *sprechen*, ist beinahe widersinnig, weil jedes Wort über den Vater sich nur auf den beziehen kann, dessen Vater der Vater ist, das heißt, auf das Wort, auf den Sohn. Darüber hinaus muß man schweigen. Die unterschiedlichsten religiösen Überlieferungen lehren uns, daß Gott das Schweigen ist. Dieser Satz muß in seiner unergründlichen Tiefe angenommen werden. Gott ist das totale und absolute Schweigen, das Schweigen des Seins und nicht nur das Sein des Schweigens. Sein Wort, welches ihn vollständig ausdrückt und verzehrt, ist der Sohn. Der *Vater hat* kein Sein: Der Sohn *ist* sein Sein. Die Quelle des Seins ist nicht das Sein. Wenn es dies wäre, wie könnte es dann seine Quelle sein? *Fons et origo totius divinitatis*, Quelle und Ursprung aller Göttlichkeit.

Also ist die vorher geäußerte Vorstellung, daß der Vater das einzige und absolute Ich sei, unzulänglich und relativ. Die Selbstaussage »Ich« kann nur bezüglich eines »Du« formuliert werden, eines »Du«, das seinerseits nur in Erscheinung treten kann, wenn es ein »Es« gibt. Der Vater *quoad se*, an sich, ist nicht, und so ist er nicht einmal ein Ich: Er sagt »sich selbst« nur durch den Sohn im Geist aus. Oder vielmehr, er sagt »sich selbst« nicht aus, sondern er *sagt*. Richtig gesagt, ist keine Aussage über die Trinität wahr, wenn sie für sich und außerhalb der anderen, ebenso wesentlichen Beziehungen aufgestellt wird. »Noc recte dici potest, ut in uno Deo sit Trinitas, sed unus Deus Trinitas« sagt ein Konzil (Denz. 528).

Es gibt in uns eine Dimension – die tiefste von allen –, die diesem totalen Apophatismus entspricht. Nicht nur kommt alles zu ihm, es kommt auch alles von ihm, dem »Vater des Lichts«. Unzweifelhaft kann man nicht zu ihm kommen, ebenso wenig wie ein Meteor zur Sonne kommen kann, ohne zu verdunsten und so zu verschwinden, bevor er sie erreicht. Doch ist es gleichfalls unmöglich, nicht von der Strömung mitgerissen zu werden, die alles zu ihm, zum Vater treibt. Man kann *mit* dem Sohn vereint sein, oder man kann *im* Geist sein, aber man kann nicht der Vater sein, weil der Vater *nicht ist*. Ihn kann man niemals erreichen, weil es kein Ende gibt, an das man gelangen könnte. Und dennoch streben alle Dinge zu ihm als dem höchsten Ziel. Die Unmöglichkeit, den Vater zu erreichen, ist daher keine ontische, sondern eine metaontische Unmöglichkeit.

Die Hingabe an den Vater mündet in einen Apophatismus des Seins; sie ist eine Bewegung nach nirgendwohin, ein ständig offenes Gebet hin zu dem grenzenlosen Horizont, der wie eine Luftspiegelung immer in der Ferne erscheint, weil er nirgends ist. Das Bildnis, die Ikone existiert: der Logos. Das Sein ist nur ein Gleichnis, eine Offenbarung dessen, was nicht einmal dann sein würde, wenn es vollständig ent-hüllt wäre, denn das Sein selbst ist schon seine Manifestation, seine Epiphanie, sein Symbol. »Der Sohn ist sein Name«, sagt das *Evangelium veritatis*, ein gnostischer, im jüdisch-christlichen Umfeld verfaßter Text. »Der Sohn ist die Sichtbarkeit des Unsichtbaren«, wiederholt der heilige Irenäus.

»Niemand kommt zu mir, wenn er nicht vom Vater berufen ist, der mich gesandt hat.« Wenn wir diesen Satz im Lichte des eben Gesagten betrachten, erscheint er als so evident, daß man ihn sogar als eine Tautologie auffassen könnte. Wie kann man dann zum Sohn kommen, ohne an seiner Sohnschaft teilzuhaben? Aber diese Sohnschaft ist nur wirklich, weil der Vater sie zu einer solchen macht. Sie ist sozusagen die Umkehrung der Vaterschaft. Wenn ich zum Sohn komme, dann deshalb, weil ich an seiner Sohnschaft bereits Anteil habe; mit anderen Worten, weil der Vater mich schon in die Kindschaft seines Sohnes eingeschlossen hat.

»Wer mich gesehen hat, hat den Vater gesehen«, ist ein anderes *mahâvâkya* (große Botschaft) der Theologie des Vaters. Wer Christus schaut, schaut den Vater, weil der Sohn der sichtbar gemachte Vater ist, weil es vom Vater außer dem Resultat seiner Vaterschaft, nämlich dem Sohn, nichts zu sehen gibt. Doch den Sohn zu schauen bedeutet, ihn als Sohn des Vaters zu schauen und daher den Vater *in*, oder besser, *durch* den Sohn zu sehen. Es gibt nicht zwei Anschauungen oder Perspektiven, eine für den Sohn und eine andere für den Vater: »Wer *mich* schaut, sieht in der Anschauung dieses *Mich* das *Ich*, das mich zeugt und das mir das Dasein schenkt.« Genau gesagt, man sieht den Sohn nicht außerhalb des Vaters noch den Vater außerhalb des Sohnes. Es gibt nicht zwei Anschauungen, sondern eine: *Duo audivi, unum locutus sum.* »Ein Zweifaches habe ich gehört, [aber nur] eines habe ich geredet«, sprach Gott (Ps LXII, 11). Die Vulgata sagt: »Semel locutus est Deus; duo haec audivis«.

»Wer mich geschaut hat…«. Nur der Heilige Geist vermag eine solche »Schauung« zu haben, und mit ihm haben diejenigen, die im Geist leben, an dieser Schau des Vater-Sohnes teil. Niemand kommt zum Vater denn durch den Sohn, und niemand kann den Sohn erkennen als im Heiligen Geist (Joh XIV,17,26; XV,26; XVI,14).

Richtig gesagt, ist die Spiritualität des Vaters keine Spiritualität. Sie ist wie der unsichtbare Fels, der als Fundament dient, die sanfte Inspiration, die unmerkliche Kraft, die uns erhält, anzieht und bewegt. Gott ist wahrhaftig transzendent und unendlich. Von dem Augenblick an, in dem man innehält, einen Standpunkt einnimmt, die Religion, den Glauben und Gott objektiviert und »manipuliert«, zerstört man sozusagen diesen letzten Grund aller Dinge, der in sich völlig »unfaßlich« ist, den man jedoch als die Stütze des eigenen Selbst wahrnehmen kann. Wenn der Haß (der Mangel an Liebe) die Sünde gegen den Sohn ist und die Verblendung (die Verneinung des Glaubens) die Sünde wider den Heiligen Geist, ist die Verzweiflung (die Zurückweisung der Hoffnung, indem man eigensinnig im Endlichen und Begrenzten verharrt) die Sünde gegen den Vater. Die erste kann vergeben werden. Die zweite… nun, diese kann nicht vergeben werden, weil der Sünder nicht in der Lage ist, um Nachsicht zu bitten (insofern er in der Sünde verharrt). Die dritte jedoch ist an sich unverzeihlich, denn sie ist die Sünde wider die Vergebung (da die Vergebung immer schrankenlos ist), der genaue Widerspruch der Vergebung. Die Sünde besteht gerade darin, die Vergebung nicht zu wollen, ja, ihrer nicht einmal fähig zu sein. Gefesselt von seinen eigenen Beschränkungen, kann der Sünder es nicht ertragen, daß der Vater seine Sonne auf Gerechte und Ungerechte scheinen und den Regen gleichermaßen auf die Guten und die Bösen fallen läßt. Er möchte die Freiheit Gottes und des Menschen einsperren, das Unendliche begrenzen, verkürzen und auf das Maß eines Geschöpfes reduzieren, das seine Würde als Geschöpf, nämlich ein Werk *der* Quelle zu sein, ständig verleugnet hat. Mit anderen Worten, die Sünde gegen den Vater ist der Bruch mit dem Unendlichen, das Leugnen unserer Vergöttlichung, die Selbstverurteilung zum Endlichen, zum Eingesperrten und Begrenzten: zur Hölle. Die Verzweiflung ist das Zurückweisen des Unendlichen und das Ersticken im Endlichen. Doch solange der Mensch in Zeit und Raum lebt, ist er der absoluten Verzweiflung nicht fähig.

Der Sohn

Es ist der Sohn, der ist, und deshalb *ist* Gott. Der Sohn ist wahrhaftig *Gott von* Gott und *Licht vom* Licht, aber damit wir nicht *ad infinitum* so fortfahren (und die Aussage damit *ad absurdum* führen, wenn wir einen Gott aus einem anderen Supergott und immer so weiter erstehen lassen), müssen wir sagen, daß der Vater, aus dem der *Gott-von* hervorgeht, im richtigen Wortsinn der Urquell Gottes ist. Dieser *Gott-von* ist eben der Sohn. Es ist der Sohn, der wirkt, der schafft, der ist. Durch ihn ist alles erschaffen. In ihm lebt alles. Er ist Anfang und Ende, Alpha und Omega. Im eigentlichen Sinne ist die göttliche Person, der Herr, der Sohn. Der Sohn verkörperte sich in Christus. In der althergebrachten Theologie kann die Vokabel »Person« in der Trinität nicht in wirklicher Analogie gebraucht werden. »Pluraliter praedicatur de tribus«, sagt der heilige Thomas bezüglich der göttlichen Personen (*S.Th.* I, q.39, a.3 ad 4). Es gibt eine Analogie zwischen dem Schöpfer und seinen Geschöpfen (vgl. *vgr. S.Th.* I, q.13, a.5;q.29, a.4 ad 4), jedoch nicht in der Trinität an sich. »Person« ist kein universeller Begriff (vgl. *S.Th.* I, q.30, a.4, für die *communitas negationis, intentionis, rationis et rei*; oder, in den faszinierenden Worten von Duns Scotus: *ad personalitatem requiritur ultima solitudo, Ordinatio* III, d.1, q.1, n.17). Es ist die radikale Einsamkeit, die den Menschen zur Person macht. Eine Analogie setzt immer eine Grundlage voraus (ein *secundum quid unum*), eine Entität oder eine Idee als ersten Bezugspunkt. Der Bezugspunkt einer Analogie in der Trinität kann sich nicht außerhalb der göttlichen Personen befinden, weil dies entweder ein viertes, höchstes Prinzip oder einen bloßen Modalismus bedeuten würde, wobei der Unterschied zwischen den Personen nur in unserem Geist bestünde. Ebensowenig kann es innerhalb der göttlichen Personen ein Etwas geben, was Vielfalt und einen wirklichen Unterschied zwischen ihnen setzen würde, sofern jene Personen im traditionellen

Sinne als separate Individuen betrachtet werden. Daher stimmt es, streng genommen, nicht, daß Gott *drei* Personen ist. »Personen« ist hier eine zweideutige Bezeichnung. Sobald man sie als Offenbarung der lebendigen Dreifaltigkeit von Vater, Sohn und Heiligem Geist versteht, ist es bereits eine Abstraktion, von »Gott« zu reden. Die göttliche »Natur«, *Gott*, gibt es nicht als monolithische Entität. Gott gibt es nur als Vater, der sein Sohn *ist* durch seinen Geist, aber ohne daß dabei drei »Jemande« irgendeiner Art existierten. Das Wort »Gott«, angewandt auf den Vater, den Sohn und den Heiligen Geist in gleichzeitiger Betrachtung, ist ein Gattungsname und daher ohne eindeutigen konkreten Inhalt. Es gibt keine *Quaternitas*, eine göttliche Gottesnatur, außerhalb, innerhalb, über oder neben dem Vater, dem Sohn und dem Heiligen Geist. Nur die Trinität als ganze ist Person, wenn wir das Wort in seiner eminenten Bedeutung und analog zu den menschlichen Personen gebrauchen: Keine der göttlichen »Personen« ist für sich allein eine Person. Es gibt keinen wahren Faktor einer Analogie (*quid analogatum*), den Vater, Sohn und Heiliger Geist gemeinsam haben. In Ermangelung einer besseren Bezeichnung können wir sie sicherlich »Personen« nennen, insofern sie relative Gegensätze im Kern des göttlichen Mysteriums sind. Doch sollten wir uns davor hüten, sie zu »substantialisieren« oder »an sich« zu betrachten. Eine Person ist nie »an sich«, sondern eben weil sie Person ist, ist sie immer *pros ti*, wesenhafte Beziehung. Das genannte Konzil sagte schon, daß es »in den drei Personen keine Mehrzahl geben kann« (Denz. 530).

Im strengen Wortsinn kann der Mensch nur zum Gottessohn eine persönliche Beziehung haben. »Gott ist nicht Person außer in Christus«, schrieb Jakob Böhme. Der Gott des Theismus ist daher der Sohn. Der Gott, mit dem man reden, einen Dialog beginnen, in Kommunikation treten kann, ist das göttliche Du, das in Beziehung, oder besser gesagt, das die Beziehung zum Menschen und einer der Pole des gesamten Daseins ist. »Der Name Gottes und des Vaters, der wesenhaft besteht, ist sein Logos«, sagt Maximus Confessor

(*Expo. orat. domin.* [PG 90, 871]). Oder, um in der griechischen Tradition mit Dionysios Areopagita zu sprechen: Gott ist »weder Triade noch Monade«.

Demnach ist dieser Gott, der Sohn, in der trinitarischen Terminologie das verborgene Geheimnis seit Anfang der Welt, das Geheimnis, von dem die Heilige Schrift berichtet und das sich für das Verständnis der Christen in Jesus Christus verkörperte.

An diesem Punkt müssen wir eine Bemerkung einschalten, bevor wir fortfahren: »Christus« ist eine zweideutige Bezeichnung. Sie kann die griechische Übersetzung des hebräischen Wortes »Messias« sein oder der Name, der Jesus von Nazaret gegeben wurde. Man kann sie mit dem Logos, und daher mit dem Sohn, identifizieren oder mit Jesus gleichsetzen. Ich ziehe vor, das ursprüngliche Wort »Christus«, »Gesalbter« für jenes Prinzip, das Wesen, den Logos zu gebrauchen; etwas, das auch in anderen religiösen Überlieferungen, mit verschiedenen Namen bezeichnet wird und mit einer großen Vielfalt von Vorstellungen verbunden ist. Wir wollen hier nicht in das christologische Problem einsteigen, und so werde ich den Namen Christus weiterhin gebrauchen, da ich es für wichtig halte, daß die Gestalt Christi ihre Sinnfülle wiedergewinnt, aber ich werde es auf eine Weise tun, die weder polemisch noch apologetisch ist. Wenn ich Christus erwähne, beziehe ich mich (außer wenn ich ausdrücklich einen anderen Hinweis gebe) auf den Gesalbten; jenen Gesalbten, auf den die Christen keineswegs den Alleinanspruch haben. Denn es ist Christus, ob er bekannt oder unbekannt ist, der Religion möglich macht. Allein in der Salbung gibt es eine »religatio«. Christus, ob offenbart oder verborgen, ist das einzige Band zwischen dem Geschaffenen und dem Ungeschaffenen, dem Relativen und dem Absoluten, dem Zeitlichen und dem Ewigen, der Erde und dem Himmel. Christus ist der einzige Vermittler. Alles, was zwischen diesen beiden Polen als Vermittlung, Band, »Leitung« wirkt, ist Christus, der einzige Priester des kosmischen Priestertums, die Salbung par excellence.

Wenn ich dieses Band zwischen dem Endlichen und dem Unendlichen mit dem Namen Christus bezeichne, setze ich keine Identifizierung mit Jesus von Nazareth voraus. Selbst im christlichen Glauben ist eine solche Identifizierung nie in absoluter Form behauptet worden. Was der christliche Glaube jedoch bekräftigt, ist, daß Jesus von Nazareth der Christus ist, das heißt, daß er eine ontische Beziehung zu dem besitzt, was Paulus nach dem Alten Testament die ungeschaffene Weisheit nennt, Johannes nach Philo als den Logos bezeichnet, Matthäus und Lukas gemäß dem Judentum in engem Bezug zum Heiligen Geist betrachten und die spätere Überlieferung übereingekommen ist, den Sohn zu nennen.

Es ist hier nicht meine Aufgabe, auf die verschiedenen Namen und Titel einzugehen, die dieser Manifestation des Mysteriums in anderen religiösen Überlieferungen gegeben wurden. Der Grund, warum ich ihn ausdrücklich Christus nennen möchte, liegt darin, daß Christus, phänemonologisch gesprochen, nach meinem Verständnis die Grundmerkmale des Vermittlers zwischen dem Göttlichen und dem Kosmischen, dem Ewigen und dem Zeitlichen usw. darstellt, jenen Vermittler, den andere Religionen Ishvara, Tathâgata oder auch Jahwe, Allah usw. nennen. Nicht ohne tiefe, prophetische Intuition spricht ein großer Teil der neohinduistischen Spiritualität in diesem Sinne von einem »Christusbewußtsein« als der letzten Stufe der »Realisierung«.

Nicht zu Unrecht behauptet der Personalismus, daß die persönliche Beziehung für jede reife religiöse Haltung wesentlich sei und daß die Entdeckung oder Offenbarung Gottes als Person ein entscheidender, wenngleich nicht einzigartiger, Beitrag des Christentums in der Religionsgeschichte der Menschheit ist. Freilich ist diese Behauptung zu ergänzen, wenn wir bedenken, daß der Vater »größer« ist als der Sohn und daß nur im Geist und im harmonischen Dialog zwischen dem Ich, dem Menschen, und *ihm*, Gott, diese zwischenpersönliche Kommunion stattfinden kann.

Der Sohn ist der Mittler, der *summus pontifex* (der höchste Priester) der Schöpfung und zugleich der Erlösung und Verklärung oder

Verwandlung der Welt. Die Wesen *sind*, insofern sie am Sohn teilhaben, sie sind *von, mit* und *durch ihn*. Jedes Sein ist eine *Christophanie*, eine Verkörperung Christi.

Wenn der Anthropomorphismus ein Irrtum ist, dann nicht deshalb, weil er das Menschliche annimmt, sondern weil er das Göttliche zu gering schätzt. Das heißt, er hat unrecht insofern, als er nicht zu einem echten Kosmotheandrismus gelangt, der gleichzeitig ganz kosmisch-göttlich und ganz menschlich ist, Endziel und Fülle jeder Religion.

Die Kirche hat ihre Mitte in der wirklichen und lebendigen Person Jesu Christi. Es gibt viele, die darin eine Beschränkung sehen und daraus schließen, daß sie nicht in der Lage sei, *eine*, und noch weniger *die*, universelle Religion zu sein. In Wirklichkeit beansprucht die Kirche nicht, *die* Religion der gesamten Menschheit zu sein, sondern der Ort, an dem Christus sich wahrhaftig offenbart, Endzweck und Fülle der Schöpfung. Die Unzulänglichkeit der Kirche liegt nicht in dieser Beschränkung. Die echte Unzulänglichkeit der Kirche in ihrer aktuellen geschichtlich-kulturellen Situation rührt vielmehr daher, zugelassen zu haben, daß die wesentlichen und wahrhaft evangelischen Wahrheiten mehr oder weniger verdunkelt wurden – daß Christus der Sohn, die Ikone, das Bildnis, das Wort, das Sein *des* Vaters ist und daß sein Geist kein anderer als der Heilige Geist ist. Damit verlor man den Menschen aus den Augen.

Die anderen Religionen der Welt haben ihrerseits dieser leuchtenden, ja, blendenden Offenbarung der Fülle des göttlichen Mysteriums nicht immer genügend Aufmerksamkeit geschenkt. So haben sie in ihrer Wirklichkeitserfahrung eine Art Mangel an trinitarischer Unterscheidung beibehalten. Aber ist es nicht gerade dies, was ihnen gelegentlich erlaubt hat, ein vielleicht befriedigenderes Gleichgewicht zwischen jenen drei wesentlichen Dimensionen jeder Spiritualität zu bewahren, die wir als Apophatismus, Personalismus und göttliche Immanenz zusammenfassen können? Wie dem auch sei, in den trinitarischen Möglichkeiten der Religionen, in ihrem Bemühen, jede auf ihre Weise zur Synthese dieser spirituellen Haltungen zu gelangen, ist der Ort,

wo der Dialog der Religionen – der *kairos* unserer Zeit – seine tiefste Inspiration und sicherste Hoffnung findet. Die spirituelle Evolution der Menschheit durchschreitet gegenwärtig eine besonders wichtige Phase, und wir dürfen zuversichtlich sein, daß durch die gegenseitige Befruchtung der Religionen und die ihnen zugrundeliegenden Erfahrungen sich im religiösen Bewußtsein der Menschheit eine vollständigere Integration der Erfahrung des Mysteriums und des Lebens der Trinität vollziehen wird und damit eine Wiedereinsetzung des Menschen in die Rolle, die er im Abenteuer der Wirklichkeit erfüllen soll.
Eine Analogie, die wir aus der inneren Entwicklung der christlichen Spiritualität ableiten, wird uns vielleicht helfen, die Bedeutung dieses *kairos* besser zu verstehen. Im Herzen des Christentums entdecken wir einen Evolutionsprozeß, den man definieren könnte als den Übergang von einem eindimensionalen Supranaturalismus zu einem übernatürlichen Naturalismus, den ich an anderer Stelle einen *sakralen Säkularismus* genannt habe.
Das Evangelium übte eine solche Wirkung auf die Menschen in den ersten Zeiten der Kirche aus, daß nur derjenige als »vollkommener« Christ galt, der das *eschaton* (das Endziel) erreicht hatte, nämlich der Märtyrer oder, in Ermangelung seiner, sein Ersatz in der Sphäre des Zeitlichen, der Mönch, jener Mensch, der die Zeit überschritten und der Welt und ihren Werken gänzlich entsagt hatte.
Es ist sehr interessant, an dieser Stelle zu beobachten, daß der monastische Akosmismus, der in Indien aufgrund der inneren Erfahrung des Seinsmysteriums eine so unwiderstehliche Strömung hervorbrachte, in ähnlich spontaner Form im Abendland auftrat als Ergebnis der eschatologischen Erfahrung des christlichen Glaubens. Doch allmählich – und zwar nicht aufgrund eines Nachlassens des christlichen Ideals, wie einige »Akosmische« geltend machen, sondern vielmehr durch eine zunehmende Bewußtwerdung und Öffnung hin zur Gemeinschaft aller Menschen, zur Welt, zur Natur und zum Mysterium – wurde dem Christen, geleitet vom Impuls des Geistes in seinem Inneren, die Notwendigkeit, in die Tiefe der kosmischen

sowie menschlichen Strukturen einzudringen, immer stärker bewußt. Er hat begriffen, daß es seine Aufgabe ist, der Sauerteig zu sein, von dem das Evangelium spricht, um diese Strukturen zu verändern und zu transformieren und sie auf diese Weise zu ihrer vollkommenen Erfüllung in Christus zu führen, wenngleich mit dem nicht immer überwundenen Risiko, vom »Strom der Welt« mitgerissen zu werden. Trotz der ernsten Gefahren und der großen Zahl derer, die ihr erliegen, wendet der verantwortliche Christ, der den von den Höhen herabwehenden Wind spürt, sich in unseren Tagen immer mehr der Welt zu, um sein Leben auf die anderen hin und allgemein auf das Universum hin zu öffnen.

Dies kann den Eindruck erwecken, daß gegenwärtig ein Auszug nicht nur aus dem Leben des Einsiedlers oder der »Wüste« stattfindet, sondern gleichermaßen aus dem klösterlichen oder monastischen Leben, sogar aus den jüngeren und offeneren Formen des klassischen Ordenslebens, die sich im letzten Jahrhundert entwickelt haben. Doch wenn wir tiefer blicken, können wir gewissermaßen einen Schub des Geistes erkennen, der den Christen über das sogenannte Christentum und über die institutionalisierte Amtskirche hinausweist. Sein Bewußtsein von der unwiderstehlichen Bewegung aller Dinge hin zur *apokatastasis*, zur Rückführung aller Dinge in Christus, wird immer lebendiger und erlaubt ihm nicht, sich hinter irgend einer Barriere, irgend einem Stand des Denkens zu verschanzen, sondern drängt ihn im Geiste, sich auf die tiefsten Ebenen jeder menschlichen Aufgabe einzulassen, wie der Sauerteig, der die Masse zum Gären bringt, das Licht, das die Finsternis vertreibt, und das Opfer, dessen Opferung alle Dinge erlöst und läutert.

Ohne Zweifel wird es weiterhin persönliche und spezifische Berufungen geben, und nichts darf von all dem verlorengehen, was die Kirche im Lauf der Jahrhunderte an Gutem angesammelt hat. Doch jede Berufung ist notwendigerweise begrenzt, und in der wahren christlichen Spiritualität ist Raum für die verschiedensten Berufungen. Andererseits ist es ungemein wichtig, daß der falsche Akosmismos

verschwindet, der darin besteht, sich in eine geistige oder institutionelle Struktur zu pressen, und der als Produkt der Geschichte dazu bestimmt ist, seinerseits durch die Geschichte abgelöst zu werden. Die Zeichen der Zeit – und der Geist, der sich in den Zeichen offenbart – laden uns ein, die Tore der *oikumene* weit zu öffnen, die (einstmals schützenden, heute trennenden) Mauern der sogenannten christlichen »Stadt« (Kultur, Religion) niederzureißen und mit offenen Armen zur Begegnung aller Menschen vorwärtszuschreiten. Diese Zeichen erlauben dem Menschen nicht, auf einer engstirnigen und beschränkten, vielleicht sogar sektenhaften und andere ausschließenden Stufe seiner »individuellen« Erfahrung Christi stehenzubleiben, denn die Erfahrung Christi findet in der menschlichen und kosmischen *koinônia* statt. Außerdem müssen die Christuserfahrung und die Spiritualität, die daraus hervorgeht, sich im rechten Glauben zu ihren vollen trinitarischen Dimensionen ausweiten. Nichts könnte damit mehr im Einklang stehen als Lehre und Beispiel dessen, der zur Welt kam, um vom Vater Zeugnis abzulegen, nicht um seinen eigenen Willen, sondern um den des Vaters zu erfüllen, der ihn sandte, dessen, der im Augenblick seines Todes den Jüngern erklärte, daß es gut sei, daß er fortgehe, weil sonst der Heilige Geist, der Lehrer der Wahrheit, nicht über sie kommen könne. Wenn wir uns allein an den »Heiland« binden, an seine Menschlichkeit und seine Geschichtlichkeit, blokkieren wir die Ankunft des Geistes und kehren auf eine Stufe der ausschließlichen Ikonolatrie zurück.
Übrigens sind diese Zeichen der Zeit nicht nur im Christentum zu beobachten. Überall werden wir gegenwärtig Zeugen desselben Vorgangs. Die Religionen der Welt stehen im Begriff, sich zu »säkularisieren«. Die neuen Religionen oder Quasi-Religionen, die danach streben, das Sakrale und das Profane zu umfassen, sprießen auf allen Seiten aus dem Boden, während Bewegungen, die den Anspruch erheben, areligiös zu sein, sich in zunehmendem Maße sakralisieren. Und der Sohn, der Gesalbte, unter welchem Namen immer, ist das Symbol dieses Vorgangs.

Der Geist

Die Offenbarung des Vaters ist die Offenbarung des transzendenten Gottes, einer Transzendenz, der man im strengen Sinn nicht einmal den Namen Gottes zuschreiben kann. So ist für uns, die wir Pilger in Raum und Zeit sind, der Logos der Gott. Die Offenbarung des Geistes ist andererseits die Offenbarung des immanenten Gottes. Wie oben dargestellt, ist die göttliche Immanenz nicht einfach eine negative Transzendenz. Sie ist etwas völlig anderes als die göttliche Einwohnung in den Tiefen der Seele. Im wesentlichen bedeutet sie die radikale Innerlichkeit des ganzen Seins, das höchste Prinzip, die *Grundlage* sowohl des Seins als auch der Seienden.

Im eigentlichen Sinn kann der Begriff der Offenbarung nur auf den Sohn angewandt werden. Die Transzendenz als solche kann sich nicht offenbaren – und sich ebensowenig inkarnieren, was auf dasselbe herauskommt –, unter der Voraussetzung, daß das, was sich offenbart, nicht mehr die Transzendenz, sondern *ihre* Offenbarung ist, das heißt Gott, der Sohn, der Logos, die Ikone. Die Transzendenz muß sich offenbaren, um sich zu manifestieren, um sich zu erkennen zu geben, aber aus eben diesem Grund hört sie auf, Transzendenz zu sein, wenn sie sich manifestiert, und wird zur Offenbarung, zur Manifestation des Transzendenten. In analoger Form hat die Offenbarung der Immanenz keinerlei Sinn, denn wenn die Immanenz sich selbst gegenüber offenbart, bedeutet dies, daß sie nicht immanent, sondern darunter liegend ist (da sie sich offenbaren muß). Die Transzendenz hört auf, eine solche zu sein, wenn sie sich offenbart: Die Immanenz kann sich nicht offenbaren, daher wäre das ein reiner Widerspruch; eine Immanenz, die sich verkörpern, offenbaren muß, ist nicht mehr immanent. Von daher ergibt sich die äußerste Schwierigkeit in der Anwendung dieser Kategorien außerhalb ihres spezifischen Bezugsrahmens. Daher wähle ich hier die Sprache der Meditation, wie sie aus der natürlichen Hinneigung der Intelligenz zum Kontemplativen erwächst.

Die Immanenz ist vor allem eine *göttliche* Immanenz: Gott ist sich selbst immanent, und nur Gott kann sich selbst immanent sein. Die sogenannte göttliche Unwandelbarkeit ist etwas völlig anderes als die statische Unbeweglichkeit. Ohne Zweifel bewegt Gott sich nicht, wie die Geschöpfe es tun, aber ebenso wenig ist er unbeweglich in der Art und Weise, wie diese es sind. Das liegt daran, daß es in dem unergründlichen Ozean der Gottheit eine Art der ständigen Vertiefung, der immerwährenden »Verinnerlichung« gibt. Das ist die Erfahrung des trinitarischen Geheimnisses, die uns zeigt, daß Gott sich selbst immanent ist, daß es in Ihm eine Art der unergründlichen Innerlichkeit gibt, die sich selbst unendlich innerlich ist.

Wenn man versucht, in das innerste Geheimnis eines Wesens einzudringen, indem man seine Oberfläche durchdringt und jedes Mal in größere Tiefen vorstößt, läßt man die einzelnen Ebenen seiner Innerlichkeit eine nach der anderen hinter sich. Schließlich kommt ein Punkt, an dem man das spezifische Sein dieses Wesens, seine »Selbstheit«, überwunden und hinter sich gelassen hat. Dann findet man nur – wenn es gestattet ist, diese Erfahrung gleichnishaft so auszudrücken, denn hier existiert nichts anderes mehr – einerseits Gott und andererseits *nichts*, das Nichts. Gebraucht man dieselbe Metapher, wenn man versucht, das letzte Geheimnis Gottes auszuloten, entdeckt man, daß auf der tiefsten Ebene der Gottheit sich der Geist befindet. Um weiterhin mit Bildern zu reden – was nur dann gefährlich ist, wenn wir bei ihnen stehenbleiben: Könnte man nicht sagen, daß trotz der ganzen »Bemühung« des Vaters, sich in der Zeugung des Sohnes »selbst zu entleeren«, um ganz in seinen Sohn einzugehen, ihm alles zu geben, was er *hat*, alles, was er *ist*, kann man nicht sagen, daß sogar dann, in diesem ersten Hervorgehen, der Geist dort verbleibt als ein Faktor, der die Unerschöpflichkeit der Quelle in der Zeugung des Logos nicht vermindert? Für den Vater bedeutet der Geist, wenn man es so ausdrücken kann, die Rückkehr zu der Quelle, die er selbst ist. Oder, mit anderen, ebenso unzulänglichen Worten: Der Vater kann »fortfahren«, den Sohn zu zeugen, weil er die Göttlichkeit, die er jenem übergeben hat, wieder »zurückerhält«. Das ist das Opfer oder das Kreuzesmysterium in der Trinität. Das ist es, was die christlichen Theologen gewöhnlich *perichoresis* oder *circumincessio*, die dynamische innere »Zirkularität« der Trinität nennen.

Wir müssen sogleich hinzufügen, daß diese göttliche Immanenz des Vaters, die der Geist ist, ebenso die göttliche Immanenz des Sohnes ist. Der Geist ist die Kommunion zwischen dem Vater und dem Sohn; er ist zugleich dem Vater wie dem Sohn immanent. In irgend einer Weise geht der Geist vom Vater auf den Sohn über und durch denselben Vorgang vom Sohn auf den Vater. So wie der Vater nichts in der Kommunikation zurückbehält, die in sich selbst den Sohn erschafft, so behält auch der Sohn nichts von dem zurück, was der Vater ihm gegeben hat. Es gibt nichts, was nicht zum Vater zurückkehrt. So wird der trinitarische Kreislauf ergänzt und erfüllt, obwohl es sich keineswegs um einen »geschlossenen Kreis« handelt. Die Trinität ist das wirkliche Geheimnis der Einheit, und deshalb ist die wahre Einheit eine trinitarische. Aus diesem Grund gibt es, streng gesprochen, kein *Selbst* im reflexiven Sinn. Das *Selbst* des Vaters ist der Sohn, sein *An-Sich* ist der Geist. Aber der Sohn hat kein *Selbst*; er ist das Du des Vaters; sein *Selbst* im Verhältnis zum Vater ist ein Du. Und dasselbe läßt sich in bezug auf den Geist sagen; Geist »an sich« wäre ein Widerspruch. Es gibt nur den Geist *des* Vaters und *des* Sohnes. Er ist der Gesandte. Er ist weder ein Ich, das zu einem anderen spricht, noch ein Du, zu dem ein anderer spricht, sondern vielmehr das *Wir* zwischen dem Vater und dem Sohn, dieses *Wir*, das auf eine besondere Weise zugleich die Gesamtheit des Universums umfaßt. Streng genommen, läßt sich nicht einmal sagen, daß der Vater ein Ich sei, wenn man darunter eine Art »absolutes Subjekt« versteht. Der Sohn ist mit Gewißheit das Du des Vaters. Außerdem ist der Sohn das Wort. Der Sprechende (der Vater), wird nur im Wort erkannt. Er ist nichts außerhalb dieses Sprechakts, der sein Sohn ist. Deshalb erscheint das göttliche Ich in bezug auf uns nur im *Du* des Logos durch das *Wir* des Geistes. Für den Egoismus ist in der Trinität kein Platz. Sie ist kein »Ding an sich«; sie hat schlechthin keine Selbstheit.

Diese Themen sind außerordentlich heikel, und niemand sollte sich ihnen ohne Ehrfurcht, tiefe Demut und einen aufrichtigen Respekt vor der Überlieferung nähern. Ist es aber nicht eben dieser Respekt vor der Überlieferung, diese Ehrfurcht und Demut, die uns verpflichtet, unseren ganzen Glauben in den Dienst ihrer Überprüfung zu stellen? Wenn wir den Apophatismus des Vaters ernstnehmen, können wir nur sagen, daß der Sohn das Du des Vaters ist, und können nicht einmal hinzufügen, daß der Vater ein *Ich* ist. Dieses göttliche Ich, indem es mit absolutem Freimut alles aussagt, das es in seinem Wort ist, behält nichts in sich oder für sich zurück. Deshalb ist es für uns der Logos, der uns als das göttliche Ich erscheint.

Die Trinität ist weder modalistisch noch von dreifacher Substanz (tri-theistisch). Wir müssen immer bedenken, daß es sehr schwer ist, den Modalismus zu vermeiden, wenn man das trinitarische Mysterium zu erklären versucht und dabei von der Idee des Seins ausgeht und so durch eine einfache Gleichung Sein und Gott identifiziert. Wenn es in Wirklichkeit einen einzigen Gott gibt, kann es nur ein einziges Sein geben, und da in diesem Fall die drei Personen nicht drei Wesenheiten sein können, bleibt keine andere Alternative, als daß es »drei« Teilhaber am Sein gibt, einem Sein, das sich in *drei* innere Perspektiven aufteilt. Doch in diesem Fall sind die Perspektiven entweder wirklich, und dann umfaßt keine von ihnen die Gesamtheit des Seins (was die Göttlichkeit jeder der drei Personen leugnen würde), oder sie sind nicht wirklich, und dann schleicht sich wieder der Modalismus ein (wonach die Personen nur verschiedene Erscheinungsweisen des eigentlichen Seins sind).

Die traditionelle Antwort auf dieses Problem lautet, daß diese Personen in Wirklichkeit Beziehungen – keine Substanzen – sind. Das heißt, daß das Sein Beziehung ist, sowohl mit dem Inneren wie mit dem Äußeren, und das führt dazu, daß das Seiende lediglich ein

Spiel von Beziehungen ist. Was geschieht, von diesem Blickwinkel betrachtet, mit dem Begriff der Substanz? Ohne Zweifel gibt es in Gott nicht drei Substanzen, sondern drei Personen. Was ist aber die göttliche Substanz? Gibt es *eine* göttliche Substanz? Eine solche könnte in Wirklichkeit nicht außerhalb der Personen existieren. Noch kann sie als eine Sache betrachtet werden, an der die Personen *teilhaben*, da keine von ihnen einen *Bestandteil* von etwas bilden kann, was immer es sei, denn die personale Göttlichkeit ist vollständig.

Die Philosophie des *advaita*, die uns hilft, die »Beziehung« zwischen Gott und der Welt angemessen auszudrücken, läßt uns wiederum ihre wertvolle Unterstützung zukommen, um das innertrinitarische Problem zu erhellen. Wenn der Vater und der Sohn nicht *zwei* sind, sind sie genau so wenig *eins*: der Heilige Geist eint und unterscheidet sie gleichzeitig. Er ist das Band der Einheit; das *Wir* dazwischen, oder besser, im Inneren.

Der Vater hat keinen eigenen Namen, da er sich jenseits aller Namen, sogar des Seins-Namens, befindet. Der Geist hat keinen eigenen Namen und kann keinen haben, und daher ist er in gewissem Sinn diesseits jeden Namens, auch des Seins-Namens. Das Sein und die Seienden – und daher das gesamte Dasein – gehören zum Bereich und zur Sphäre des Sohnes. Wenn, wie verschiedene Konzile von Toledo besagen, der Vater *fons et origo totius divinitatis*, »Quelle und Ursprung aller Göttlichkeit«, ist, wenn der Sohn der Vater ist und, wie die griechischen Kirchenväter, das Bild weiter entwickelnd, sagen, der Strom, welcher der Quelle entspringt, dann ist der Geist sozusagen das Endziel, der grenzenlose Ozean, in dem sich der Fluß des göttlichen Lebens vervollständigt, zur Ruhe kommt und sich erfüllt (*plenitudo et pelagus totius divinitatis*). Sofern man den Geist nicht empfangen hat, ist es unmöglich, die Botschaft des Sohnes zu verstehen, und desgleichen, *theosis* zu erlangen, die Vergöttlichung, die der Geist im Menschen bewirkt. Zweifelsohne ist insbesondere das hinduistische Denken geeignet, einen Beitrag zur Vertiefung der

»Theologie« des Geistes zu leisten. Besteht nicht einer seiner grundlegenden Antriebskräfte in dem Streben, den Geist zu entdecken und zu verwirklichen, ein bewunderungswürdiges, oftmals inspiriertes, aber manchmal auch tragisches Streben?

Zum Geist kann man keine »persönlichen Beziehungen« haben. Das Transzendente, das andere kann man nicht erlangen, wenn man auf den Geist ausgerichtet ist. Man kann nicht *zum* Geist beten, als wäre er ein Objekt jenseits unseres Gebets. Mit dem Geist gibt es nur eine beziehungslose Vereinigung. Man kann nur *im* Geist beten, indem wir uns durch die Vermittlung des Sohnes an den Vater wenden. Es ist vielmehr der Geist, der in uns betet. Wenn man den Weg des Geistes betritt, kann man nur zum außer-ontischen Grund aller Dinge gelangen. Aber der Grund des Seins ist nicht das Sein. Die Kontemplation *im* Geist hat keinen intellektuellen Gehalt.

Auf diesen Geist zielt der Großteil der upanishadischen Aussagen über das Absolute, wenn man sie in der Tiefe ihres eigenen Lichts betrachtet. Als Beispiel könnte man beinahe jede Seite der Upanishaden anführen. Was ist der Geist denn anderes als der *âtman* der Upanishaden, der identisch ist, wie gesagt wird, mit dem *brahman*, obgleich eine solche Identität nur existentiell erkannt und bekräftigt werden kann, wenn man die »Verwirklichung« erreicht hat? »Im Anfang war der Logos«, heißt es im Neuen Testament. »Das Ziel ist der *âtman*«, fügt die Weisheit jenes *kosmischen* Testaments hinzu, dessen Kanon noch nicht abgeschlossen ist. Das *Ziel* jedes Menschen ist die Erkenntnis, daß der *âtman* identisch mit *brahman* ist. Der Mensch befindet sich sozusagen unter dem Bogen, der sich vom transzendenten Gott zur immanenten Göttlichkeit spannt. Der Mittler (unbekannten Namens) ist derjenige, der *âtman* und *brahman* durch die »höchste Brücke« vereint (*pontifex maximus*). So könnte man einen bekannten Sanskritvers übersetzen: »Wer erkannt hat, daß das *brahman* existiert, besitzt eine mittelbare Erkenntnis; wer erkannt hat: ›Ich bin *brahman*‹, der besitzt eine unmittelbare Erkenntnis.« Es ist falsch zu sagen, »Ich bin *brahman*«, insofern als es nicht das *brahman* ist, das es sagt. Der einzige, der so sprechen darf, ist der Geist, und das Wort, das es ausspricht, ist der Logos.

Die Spiritualität des Geistes ist eine völlig andere als die des Wortes. Weder durch das Wort noch durch die Tat kann man zum Geist gelangen. Die Erfahrung des Geistes läßt sich in keine personalistischen Strukturen kleiden. Dieser Glaube besteht nicht in der Entdeckung eines Jemands und noch weniger in einem Dialog mit diesem Jemand. Er besteht vielmehr im »Bewußtsein« dessen, daß man dabei ist, sozusagen als ein in ihm Eingeschlossener, daß man schon *dort* ist; wenn wir es anders ausdrücken wollen, könnten wir sagen: als ein von ihm Erkannter und Geliebter oder noch besser, als ein von ihm Eingehüllter, gleichwie versunken in der Erkenntnis und in der Liebe, in der Schönheit, in die man mit großer Freude eingedrungen ist. Es ist eine Form der vollkommenen Passivität: es gibt kein zu erlösendes *Ego* mehr, und so verstehen wir, daß es ein göttliches Ich gibt, das uns mit einem neuen und völlig verborgenen Namen ruft. Die Spiritualität des Geistes weist uns im Mysterium den Horizont, über dem das göttliche Ich erscheint, ein Ich, das nicht der Geist ist, sondern der Vater durch den Sohn. Aber es ist die Spiritualität des Geistes, die diese Entdeckung ermöglicht, und aus diesem Grund ist der »Name« immer neu und verborgen. Sein einziger Weg ist der des Schweigens – ein Schweigen der Worte, ohne Zweifel, aber auch der Wünsche, der Taten, letztlich ein Schweigen des Seins, der Liebe zum Sein, das vollkommene Schweigen des Lebenswillens –, denn nicht durch Fleisch oder Blut, noch durch den Willen des Menschen wird man zu dem, was man *ist* (was man *sein wird* für den, der sich auf die Ebene des Endlichen begibt). Der Glaube an den Geist läßt sich nicht ausdrücken; auch er ist Schweigen.
Dem Geist gemäß zu leben, ist authentisches Dasein. Deshalb kann man nicht in der Ganzheit leben, solange der Geist noch nicht erreicht ist. Er muß durch andere Spiritualitäten, insbesondere diejenige der Fleischwerdung, ergänzt werden. Diese Ergänzung bedeutet nicht,

daß die Wege des Wortes und des Geistes in sich unvollständig seien, sondern sie zeigt uns, daß das zeitliche menschliche Dasein durch den Mangel an Einheit zwischen dem Weg des Wortes und dem Weg des Geistes geprägt ist. Eine vollkommen ausgewogene Spiritualität hat eben die Funktion, beide zu integrieren. Der Weg des Geistes bringt in der Tat ohne seine trinitarische Integration eine gewisse Gefahr der Entkörperlichung mit sich. Trotzdem gibt es keinen Grund, den negativen oder apophatischen Weg, der die Spiritualität des Geistes darstellt, als entkörperlicht oder »ausgezehrt« zu deuten. Da der Geist heiligend und läuternd wirkt, kann der Weg des Geistes nur die Entblößung und Verneinung all dessen sein, was noch nicht ist. Es ist nötig, fortwährend all das zu negieren, was zum Reich des *Geschöpflichen* gehört, um Transformation zu verwirklichen. Der upanishadische Ausdruck dieser Spiritualität ist *neti...neti*. Man darf vor der Negierung keine Angst haben. Alles, was existentiell negiert werden *kann*, ist eben deshalb eine bloße Möglichkeit des Seins, und folglich *ist* es *nicht*. Das Sein, das, was wirklich *ist*, *kann nicht* vernichtet werden, ebenso wie dem Satz vom Widerspruch nicht widersprochen werden kann, ohne ihn schon vorauszusetzen. Man kann das Sein leugnen, aber man kann es nicht abschaffen oder zerstören. Dem Sterblichen steht nur der Selbstmord offen, aber das Sein ist Unsterblichkeit. Die Furcht vor der totalen Selbstverleugnung (die jede echte Askese fordert und die nur in und durch den Geist vollzogen werden kann) ist der klare Beweis dafür, daß dieses *Selbst*, das Angst hat, nicht das wahre und authentische *Du* ist. So erhebt zum Beispiel der Halbwüchsige oder der Eingebildete den Anspruch, ein »Mann zu sein«. Wer wirklich ein Mann ist, braucht sich nicht darum zu kümmern, als ein solcher *zu erscheinen*. Man kann sich auch beeilen, das loszuwerden, was man zu verlieren fürchtet. Diese selbe Angst ist ein Zeichen des mangelnden Wertes desjenigen, dessen Verlust man fürchtet. Das »Leben«, das man verlieren kann, ist nicht das wahre Leben. Noch ist die Existenz, die man verlieren *kann*, die wirkliche Existenz. Seinem ganzen »Wesen« zu entsagen um der

Liebe willen (die stärker ist als der Tod), ist für den, der wahrhaft liebt, etwas Geringfügiges. Die echte Askese beginnt mit der Aufhebung der Angst vor dem Verlust dessen, was verloren werden kann. Der Asket hat keine Angst.

Der Geist versetzt uns in die einzige wahre Perspektive, indem er alle jene Perspektiven verändert, von denen aus wir durch unsere Geschöpflichkeit und vor allem aufgrund des Sündenfalls gewohnt sind, die Dinge zu betrachten. Nur im Geist gibt es eine wahrhafte *metanoia*, eine Bekehrung, eine Umkehr, eine Überwindung von *nous* (Verstand) und *gnosis* (Erkenntnis). Der Geist verändert nicht nur unsere moralischen »Werte«, er transformiert nicht nur unsere verstandesmäßige Sicht der Dinge, sondern er erneuert in uns auch die »Religion« und die Spiritualität. Der Geist kommt erst nach dem Kreuz, nach dem Tod. Er bewirkt die Auferstehung in uns und veranlaßt uns, zum anderen Ufer *überzusetzen*. Wir sagen Ufer, und nicht Welt, denn jedes Ufer *ist* ein Ufer, weil es das andere *gibt*.

Die vom Geist bewirkte Umkehrung ist eine totale. Die Weisheit dieser Welt verwandelt sich in Torheit und das Kreuzesgeheimnis in die echte Weisheit. Der Geist führt den Menschen zu der Erkenntnis, daß er kein Ich (*ego*) ist, sondern ein Du (*te*), daß er nur insofern ist, als das einzige Ich (*ego*, *aham*) ihn mit *Du* anredet:

»Ich habe dich gerufen in Gerechtigkeit« (Jes XLII,6)

- niemals im Nominativ, weil das gar nicht möglich ist;

- sondern im Vokativ, um dir dein eigentliches Sein zu verleihen, das ein *Gerufensein* (zum Dasein) ist: »Du bist mein Sohn, heute habe ich dich gezeugt« (Ps II,7);

- im Akkusativ, denn ich rufe dich zu einer innigen Beziehung: »Ich habe dich gerufen« (Jes XLII,6);

- im Dativ, denn ich vertraue dir die Mission an, die Menschen in Gemeinschaft zu vereinen: »Bitte mich, so will ich dir die Völker zum Erbe geben« (Ps II,8).»…und mache dich zum Bund für das Volk, zum Licht der Heiden…« (Jes XLII,6 und XLIX,6).

Und schließlich:

- im Ablativ, denn ich gebrauche dich wie ein Werkzeug zum Dienst an der Welt und zur Vollendung der Schöpfung: »daß du die Augen der Blinden öffnen sollst« (Jes XLII,7).
Es ist der Geist, der uns das Verständnis der Heiligen Schrift schenkt. Der Geist läßt uns zum Beispiel begreifen, wenn für unsere trüben Augen und verhärteten Herzen geschrieben steht: »Das Wort ist Fleisch geworden«, daß es in Wahrheit das Fleisch ist, das zum Wort verwandelt wird, und daher kann die Herabkunft Gottes, wie der heilige Thomas sagen würde, nicht wirklich sein, während unser Aufstieg zur Göttlichkeit dagegen absolut wirklich sein kann. Dies ist die Wahrheit nicht nur für uns, sondern auch für das Wort, von dem man nicht sagen kann, daß es – nachdem es in seinem Himmel zahllose Äonen in Ruhe und Gelassenheit verbracht hat – eines schönen Tages beschließen würde, in die Welt »herabzusteigen«. Die einzige authentische Wahrheit ist, daß der Logos – der eingeborene Sohn des Vaters – vom Ursprung an, *a principio aeternitatis*, der Erstgeborene der Schöpfung war, das erste Prinzip aller Dinge, noch vor der Stiftung der Welt, das Opferlamm im Ursprung der Zeiten. Was ist dann die Schöpfung in Wirklichkeit, wenn nicht eine Einladung, in das Geheimnis Gottes durch Christus im Geist einzutreten? Sofern man die Erfahrung in der einen oder anderen Form nicht gemacht hat, ein von Gott angesprochenes Du zu sein, sofern man nicht mit dem Staunen eines Kindes (denn dieses ist erfüllt von dem Geheimnis) entdeckt hat, daß eben dies der Grund ist, warum das Ich ruft (und uns bei unserem Namen anruft, wobei der Name hier unser Wesen darstellt, unser Sein), gelangt man nicht zur Tiefe des Lebens im Geist. Der Geist läßt uns rufen: »Abba, Vater!«, denn letztlich gibt es nur ein Du des Vaters, welcher der Sohn ist. Der Vater ruft uns mit demselben Anruf wie seinen Sohn. In Gott gibt es keine Vielfalt. Es kann nicht zwei »Anrufe« noch zwei »Worte« in Gott geben. Wir *sind* nur in dem Maße, in dem wir am Logos *teilhaben.* Alles Sein ist eine *Christophanie* und *nur* eine Christophanie.

Der »psychologische« Trinitätsbegriff des Augustinus ist allgemein bekannt; wir *sind*, *erkennen*, *lieben*: *ich bin*, indem ich erkenne und liebe, ich *erkenne* mich als ein seiendes Wesen und ein Liebender, ich *möchte* sein und erkennen (vgl. *Conf.* XII,11). Eine inspirierte Konzeption, ohne jeden Zweifel, die uns ermächtigt, uns dem Gottesgeheimnis vom Menschen aus zu nähern, ein Gleichnis der Trinität in ihrem innigsten und wahrhaftigsten Sein. Aber trotz ihrer Gültigkeit liegt ihr Anthropomorphismus auf der Hand: Der Vater entspricht dem Sein; der Sohn der Erkennntis; der Heilige Geist der Liebe, *mens, notitia, amor* (oder auch *memoria*, *intelligentia*, *voluntas*).

Mit dem Evangelium in der Hand und im Herzen möchten wir daher die folgenden Zuordnungen wagen: der Vater – der Ursprung – das Ich; der Sohn – das Sein – das Du; der Geist – die Rückkehr zum Sein (zum Ozean des Seins) – das *Wir*. Die trinitarische Formel des Paulus für Gott, »der über allen und durch alle und in allen ist« (Eph IV,6) gibt uns den Schlüssel dazu:

Epi pantôn: über allen, *super omnes*, Ursprung des Seins, der nicht das Sein ist, denn sonst würde vorausgesetzt, daß die Quelle das Sein wäre und nicht sein Ursprung: das höchste *Ich*.

Dia pantôn: durch alle, *per omnia*, der Sohn, das Sein und der Christus, durch den und für den alles geschaffen ist, wobei die Seienden am Sein teilhaben: das *Du*, das noch immer in der Vielzahl der Dus des Universums ausgestreut ist.

En pâsin: in allen, *in omnibus*, der Geist, die göttliche Immanenz und,in der Dynamik des reinen Aktes, das Endziel (die Rückkehr) des Seins. Aus diesem Grund gibt es das Sein – und die Seienden – nur insofern, als sie aus dem Ursprung hervorgehen und im Geist weiterfließen: das *Wir*, insofern es uns alle in der integrierten Gemeinschaft dieser vollkommenen Wirklichkeit vereint.

III. Der Theandrismus

Theandrismus ist die klassische, traditionelle Bezeichnung für jene innige und vollständige Einheit zwischen dem Göttlichen und dem Menschlichen, die sich paradigmatisch in Christus verwirklicht und die der Endzweck ist, auf den sich alles in dieser Welt durch Christus und den Heiligen Geist zubewegt. Diese Bezeichnung erscheint mir besonders geeignet, um die Synthese der drei vorhin dargestellten spirituellen Anschauungen, ebenso wie die drei von diesen abgeleiteten Formen der Spiritualität zu beschreiben, die der Weg des Vaters, des Sohnes und des Geistes genannt werden. Neuerdings pflege ich von einer kosmotheandrischen Spiritualität zu reden, da der Kosmos einen ebenbürtigen Partner in dieser Ganzheit darstellt. Darüber habe ich später geschrieben, aber diese Ergänzung würde das Gleichgewicht der vorliegenden Überlegung stören, und sie ist hier jetzt nicht absolut notwendig.

Ich verwende lieber die Bezeichnung *theandrisch* als *trinitarisch*, um diese Synthese und die gesamte katholische Spiritualität (*kath' holon*), in der sie gipfelt, zu kennzeichnen. Als Grund dafür möchte ich erstens anführen, daß die gegenwärtige Theologie das trinitarische Geheimnis allzu häufig der ausschließlichen Sphäre des Göttlichen zugeordnet hat, der »Theologie« in dem Sinn, in dem dieses Wort von den Scholastikern verwendet wurde, das heißt als Studium von Gott-an-sich, fast völlig losgelöst von der »Ökonomie« oder dem Studium Gottes in seiner »zeitlichen Manifestation«, nämlich in der Schöpfung und in der Inkarnation. Eine *trinitarische* Spiritualität im engen Sinn des Wortes läuft Gefahr, daß sie die Notwendigkeit der Dimension der Fleischwerdung, des Menschlichen, ohne welche die ganze Synthese zwangsläufig verarmt, außer acht läßt oder zumindest nicht genügend vertritt. Ein anderer Grund, weshalb ich diesen Ausdruck vermeide, liegt darin, daß die Trinität als das zentrale Dogma des Christentums, das wesentliche Mysterium des göttlichen Lebens und der gesamten Wirklichkeit, im christlichen Glauben thematisch entwickelt wird. Ich würde ein Wort vorziehen, dessen Konnotationen nicht so unmittelbar christlich sind.

Die Bezeichnung »Theandrismus« deutet mit hinlänglicher Klarheit die beiden Elemente jeglicher Spiritualität an: das menschliche Element, das als Ausgangspunkt dient, und der außermenschliche Faktor, der sie von innen her belebt und ihre transzendente Folge ist. Ich leugne nicht, daß meine Deutung des Theandrismus in Wirklichkeit trinitarisch und christlich ist, möchte jedoch klarstellen, daß der Theandrismus als Konzept nicht von vornherein dem christlichen Glauben innewohnt, noch ausschließlich von diesem geprägt wurde. Im Gegenteil, der Theandrismus ist präsent als das Endziel, auf welches das religiöse Bewußtsein der ganzen Menschheit zustrebt, sowie als die angemessenste Auslegung der mystischen Erfahrung, in der jede religiöse Erfahrung gipfelt. Christus ist zugleich Gott und Mensch. Der Nestorianismus verstümmelt ihn ebenso wie der Monophysitismus, und so bewirken beide, daß »das Kreuz Christi zunichte wird« (*kenôthê*, »evacuetur«, 1.Kor I,17), wie der heilige Paulus sagt. Christus, der Mensch, ist Jesus sowie, eschatologisch gesprochen, alles Geschaffene. Christus ist Gott, der Sohn des Vaters, und sein Geist ist der Heilige Geist. Wenn man diese drei Sätze als unabhängig voneinander betrachtet – noch mehr, wenn man sie als solche lebt –, würde der Apophatismus oder die Transzendenz des Mysteriums des Vaters, die Immanenz oder Fülle des Mysteriums des Geistes und die Homogenität mit dem Menschen des persönlichen Mysteriums Christi die Aufhebung des ganzen trinitarischen Geheimnisses bedeuten.

»Wer den Anspruch erhebt, ein Engel zu sein, der endet als Tier«, schrieb Pascal. Diesem Aphorismus könnten wir hinzufügen: »Wer den Anspruch erhebt, ein Tier zu sein, dem wird dies nie gelingen«, denn das göttliche Licht leuchtet in uns und über uns, hüllt uns ein und verwandelt uns von innen heraus (»Das Licht deines Angesichts hat uns gezeichnet, o Herr.«) Wer danach strebt, wie ein Mensch, und nur wie ein Mensch zu sein, der endet unweigerlich als Tier (im Sinne Pascals), denn ein Mensch ist so viel mehr als ein »denkendes Rohr«. Der wahre Mensch geht nämlich unendlich weit über den »Menschen« hinaus. Sein Dasein läßt sich nicht auf eine theoretische »reine Natur« reduzieren, die ihren eigenen, natürlichen Endzweck hätte und einer neuen Intervention Gottes bedürfte, um sich zu dem sogenannten übernatürlichen Zustand zu erheben. Die »Berufung«, die den Menschen ins Dasein rief, bestimmte ihn von Anfang an zur Gotteskindschaft, eins zu sein mit dem einzigen Sohn. Den Menschen einfach als »vernunftbegabtes Tier« zu betrachten, hieße, ihm das Recht auf sein wahres Endziel zu verweigern und ihn völlig der Hoffnung zu berauben, dieses jemals zu erreichen. Wir könnten auch sagen, daß man ihn dadurch entfremden und etwas völlig anderes aus ihm machen würde, als er seinem Streben und seiner göttlichen Berufung nach ist, etwas, das, mit einem Wort, nicht mehr *Mensch* ist. Damit würde man ihn zu einem Schicksal und einer Berufung erniedrigen, die ihm nicht zugehören. Es scheint unumgänglich, in diesem künstlichen Begriff des Übernatürlichen, den ich eben erwähnt habe, eine Art von »Entfremdung« zu erblicken. Es geht ohne Zweifel auf das griechische Erbe zurück, daß der abendländische Mensch bis heute eine solche Scheu davor hat, das Göttliche im Menschen zu erkennen. Es besteht die Furcht, ja, eine beklemmende Angst, daß das menschliche Wesen damit seine Individualität verlieren würde. Und dennoch, verstümmelt der Mensch sich selbst nicht viel gefährlicher, wenn er sich weigert, dieses innerste Zentrum in sich zu erkennen, das Innerste seines Daseins, das tiefer ist als alles, was er mit seinem bloßen Verstand erreichen kann?

In der psychologischen und anthropologischen Sphäre liegt die Bedeutung der theandrischen Spiritualität auf der Hand. Sie stellt in größtmöglichem Maß eine harmonische Synthese zwischen den Spannungen und Polaritäten des Lebens dar: zwischen Körper und Seele, Geist und Materie, männlich und weiblich, Aktion und Kontemplation, dem Heiligen und Profanen, dem Vertikalen und Horizontalen, mit einem Wort, zwischen dem, was man weiterhin das Göttliche nennen könnte, und dem, was wir gewohnheitsmäßig als menschlich bezeichnen.

Aber die Schwierigkeit stellt sich ein, wenn wir zur eigentlich theologischen Sphäre zurückkehren. Welches Menschenbild einerseits und welches Gottesbild andererseits schwebt uns vor, wenn wir zu dieser Synthese gelangen wollen?

Wir könnten sagen, daß das Grundkonzept des Theandrismus in der Erkenntnis besteht, daß der Mensch ein grenzenloses Vermögen besitzt, das ihn mit der asymptotischen Grenze vereint, die Gott genannt wird; oder, mit anderen Worten, daß Gott das Endziel, die Grenze des Menschen, ist.

Eine theandrische Spiritualität vermag einerseits dem Anthropomorphismus und andererseits dem »Theologismus« zu entgehen. Sie will eine nicht-dualistische Anschauung dieser zwei Pole der Wirklichkeit wiederherstellen, die sich verwischen und entschwinden, wenn sie in isolierter Form betrachtet werden. Eine rein empirische, auf das Irdische beschränkte Anthropologie erniedrigt den Menschen, während eine ausschließliche »Offenbarungstheologie« Gott selbst zerstört. Mensch und Gott sind weder eins noch zwei. Der Theandrismus ist jene Intuition, die ein großer Teil der Denker aller Zeiten erfaßt und verkündet hat, obgleich sie dabei häufig als Gegenreaktion einen der Pole auf Kosten des anderen stärker betont oder Terminologien verwendet haben, die nicht ausreichten, um die Spannung zwischen beiden Polen der Wirklichkeit zu tragen. Die Waage kommt aus dem Gleichgewicht, wenn man aufhört, auf den Zeiger in der Mitte zu schauen; wenn wir Gott anschauen, werden wir geblendet, wenn wir auf den Menschen schauen, werden wir betäubt.

Der negative Aspekt, den eine theandrische Spiritualität zu korrigieren versucht, ist relativ leicht zu beschreiben. Es handelt sich darum, das

Gleichgewicht wiederherzustellen, »zu unterscheiden, um zu vereinigen«, einzusehen, daß eine einseitige und ausschließliche Betrachtung der bipolaren Wirklichkeit immer begrenzt und deshalb unzulänglich ist; zu begreifen, daß eine ganzheitliche Anthropologie eine humanistische Theologie voraussetzt.

Die positive Gestaltung einer theandrischen Schau der Wirklichkeit ist eine Aufgabe, die unsere Epoche zu leisten hat. Es genügt nicht, eine Öffnung zu Gott oder eine äußerliche Beziehung des Menschen oder des Kosmos zur Gottheit zuzulassen. Es geht darum, Richtlinien und Träger der gesamten vorhandenen Wirklichkeit in paradigmatischer Form zu entdecken. Es genügt nicht zu sagen, daß der empirische Mensch »zufällig« oder unzulänglich sei, und die ergänzende, unqualifizierte Behauptung hinzuzufügen, daß Gott »notwendig« und vollkommen zulänglich sei. Dies zu tun, würde bedeuten, daß man den Menschen mißversteht und einen künstlichen *deus ex machina* postuliert. Es geht nicht um einen unvollkommenen Menschen auf der einen und einen vollkommenen Gott auf der anderen Seite, sondern vielmehr um eine theandrische Wirklichkeit, die zu jeder Zeit und in jeder Situation existiert. Ein »rein transzendenter« Gott ist eine Abstraktion derselben Art wie ein »rein unabhängiger« Mensch. Es gibt nicht zwei Realitäten: Gott *und* Mensch (oder die Welt); aber ebenso wenig gibt es nur eine: Gott *oder* Mensch (oder die Welt), wie die überzeugten Atheisten und bekennenden Theisten aus dialektischen Gründen meinen, behaupten zu müssen. Die Wirklichkeit selbst ist kosmotheandrisch. Es ist unsere Betrachtungsweise, welche uns die Wirklichkeit einmal unter dem einen und einmal unter dem anderen Aspekt erscheinen läßt.

Gott und Mensch stehen sozusagen in einer engen und wesenhaften Beziehung des Zusammenwirkens, um die Wirklichkeit zu gestalten, die Geschichte zu entfalten und die Schöpfung fortzusetzen. Es ist nicht so, daß der Mensch sich hier auf Erden abrackert, während Gott ihn von oben beaufsichtigt und ihm Belohnung oder Strafe in Aussicht stellt. Es gibt eine Bewegung, eine Dynamik, ein Wachstum in dem, was die Christen den mystischen Leib Christi und die Buddhisten *dharmakâya* nennen, um nur zwei Beispiele anzuführen. Gott, Mensch und Welt sind einem einzigartigen Abenteuer verpflichtet, und diese Verpflichtung macht die wahre Wirklichkeit aus.

Ich möchte noch eine letzte Bemerkung anbringen. Wie wir schon die ganze Zeit vorausgesetzt haben, ist Relativität nicht dasselbe wie Relativismus. Wenn ich die Relativität der verschiedenen Spiritualitäten und Religionen sowie der ihnen zugrunde liegenden menschlichen Grundanschauungen betone, bedeutet dies nicht, alles zu nivellieren und auf einen formlosen Egalitarismus zu reduzieren. Ebenso geht es nicht darum, über irgend eine Form von Spiritualität ein Urteil zu fällen. Wer zufrieden und von seiner menschlichen Grundanschauung (Religion, Spiritualität usw.) überzeugt ist, soll ihr folgen, ohne sich mit nutzlosen Skrupeln zu quälen. Es wäre verhängnisvoll für ihn, wenn ein falsches Streben nach einer künstlichen Vollkommenheit in seinem Bewußtsein Hemmungen und Zwänge erzeugte, die unweigerlich ins Verderben führen. Es ist immer besser, ein guter Atheist oder ein überzeugter Buddhist zu sein als ein lauwarmer Moslem oder ein unaufrichtiger Hindu. Andererseits wäre es absolut verkehrt, zum Beispiel den Buddhisten und seine Glaubensinhalte anzugreifen, als handelte es sich um einen kriegerischen Feind. Wenn der Buddhist in seinem Glauben eine befriedigende Antwort auf seine Grundprobleme findet, wäre es unmoralisch, Zweifel in ihm zu wecken im Namen einer vermeintlichen Objektivität, denn der Mensch gelangt zur Wahrheit immer nur auf relative Weise. Die Synthese, die wir suchen und die jeder Religion und jedem Gläubigen erlaubt, in einer theandrischen Synthese zur Fülle des Glaubens und zur mystischen Erfahrung zu gelangen, gehört einer gänzlich anderen Ordnung an. Ich spreche von nichts Geringerem als einem neuen Selbstbewußtsein der Menschheit, wenn man so sagen kann, dessen Anfänge und vorläufige Umrisse sich schon seit einiger Zeit abzeichnen, die uns aber erst jetzt klarer vor Augen stehen. Dies ist der zwingende *kairos* des historischen Augenblicks, in dem wir leben.

Auf diesen letzten Seiten möchte ich keine Untersuchung dieser *theandrischen Synthese* der verschiedenen Spiritualitäten oder summarisch beschriebenen, mystischen Wege vornehmen, sondern einige Gedanken zu diesem Thema mittels eines umgekehrten Verfahrens darlegen, indem ich die grundlegenden Abweichungen andeute, in die jeder dieser drei Wege abgleiten kann, wenn man ihm ausschließlich und ohne die notwendigen Querverweise folgt. Jede Form des Partikularismus, der sich auf die eine oder andere dieser Anschauungen beschränkt, indem er die anderen vernachlässigt und ihre ergänzenden, wesentlichen Wechselbeziehungen ablehnt, führt unweigerlich zu einer starren und einseitigen Spiritualität.

Nihilismus

Der Nihilismus stellt eine der tiefsten Erschütterungen dar, die der Westen gegenwärtig durchmacht. Ohne Zweifel rebelliert unsere Zeit, oft mit Gewalt, gegen die faktische Idolatrie, die sie in allen Religionen, gleichgültig welcher Art, zu finden meint. Den modernen Menschen kümmert es in Wirklichkeit sehr wenig, ob das Idol der »wahre« Gott ist oder ob die mit ihm in Verbindung gebrachten Formeln an sich »wahr« sind. Liegt nicht mehr Wirklichkeit, und daher Göttlichkeit, in einem aufrichtig verehrten Idol aus Stein als beispielsweise in dem bloßen Begriff der Trinität, sofern dieser nicht von einem lebendigen Glauben erfüllt ist? Als Folge davon werden von einer wachsenden Zahl von Menschen von unleugbarem spirituellen und moralischen Wert die überlieferten Aussagen verneint und abgelehnt, die sich auf die Existenz und das Wesen Gottes beziehen. Die Welt ist im Begriff, die positiven Werte des Atheismus zu entdecken.

Es ist im Grunde der Durst nach dem Absoluten, der den Menschen erfahren läßt, was sich an der Wurzel der nihilistischen Umwelt in unserer Zeit befindet. Gott kann nicht *ausschließlich* ein Idol sein noch einfach eine Person, noch der andere par excellence, nicht einmal das Allerhöchste. Der Ernst, mit dem der moderne Mensch sich diese Grundwahrheit bewußt macht, führt ihn zu einer leidenschaftlichen Suche jenseits alles Bekannten und veranlaßt ihn, jede Vermittlung abzulehnen und jeden leeren Trost, jede Belohnung, jede Kompensation und Hoffnung unerbittlich zurückzuweisen. Tatsächlich erscheinen ihm die religiösen Werte, die allzu oft ohne gebührenden Bezug zur Ganzheit des Mysteriums dargestellt werden, als betrügerische und unwirksame Heilmittel, die nur für eine unreife und wenig entwickelte Mentalität taugen.

Jene Nihilisten, die erklären, daß mit dem Nichts, der absoluten Leere, das letzte Wort über das Mysterium gesprochen sei, sind gar nicht so weit von der Wahrheit entfernt. Jene Atheisten, die das von den Religionen so häufig angebetete Gottesidol zurückweisen, stehen nicht außerhalb der *oikoumene*. Sie sind vielmehr Zeugen einer Spiritualität, die sich an den Vater wendet, jedoch einen von der lebendigen Dreifaltigkeit »getrennten« Vater. Sie legen Zeugnis von der Wahrheit ab, daß niemand den Vater je gesehen hat, weil es letztlich *nichts* zu sehen gibt.

Es muß hinzugefügt werden, daß weder der Atheismus als Lehre noch der Nihilismus als »Spiritualität« als die endgültige religiöse Haltung anzuerkennen ist, mit der die Menschheit gegenwärtig schwanger geht und die sie mit solchem Eifer sucht. Dennoch stehen sie für eine Dimension, die in diese Synthese, die wir theandrisch genannt haben, integriert werden muß. Hat es denn nicht einmal eine Zeit gegeben, in der die Christen diejenigen waren, die Gottlose (Atheisten) genannt wurden, eben weil sie die Götter ablehnten?

Ein weiteres Beispiel dieser spirituellen Dimension läßt sich im Buddhismus finden, zumindest in einem besonderen Bereich. In der Spiritualität des Vaters kann ein solcher Buddhismus nämlich seine Ganzheit finden. Der Buddhismus hat seinen wahren Ort in einer theandrischen Spiritualität, und er bestärkt uns nachdrücklich darin, daß es ein Unsinn ist, vom letzten Geheimnis zu reden, daß es eine Blasphemie bedeutet, das Höchste – auch mit der Intelligenz – zu manipulieren, und daß das Schweigen Grund und Ursprung jedes Wortes, jedes Gedankens und des ganzen Seins ist.

Es ist kein Zufall, daß die für das Abendland bezeichnendste geheime Häresie seit dem Mittelalter der Humanismus war und immer noch ist. Die Erklärung dafür ist einfach. Einerseits ist der Humanismus eine gesunde Reaktion auf die übermäßige Betonung des Eschatologischen und auf einen gewissen widernatürlichen Supranaturalismus. Andererseits ist er eine Versuchung für eine Menschheit, die heute das Zeitalter der Reflexion erreicht hat und daher das ganze menschliche Leben samt der Religion auf die anthropozentrische Vollendung des Menschen reduziert. Der Mensch kann sich der Herrschaft des Egoismus nicht unterwerfen; die Erde besteht nicht nur aus Bergen; die Religion kommt nicht, um den Menschen zu töten, sondern um ihn zu erlösen. Die bestürzende Aussage des christlichen Glaubens ist diese: Es ist unabdingbar, nicht nur den »edlen Teil« des Menschen, seine Seele, zu erlösen, sondern den Menschen in seiner Ganzheit, samt seinem Körper, ja, den gesamten Kosmos. Da der Humanismus jedoch diese Wahrheiten einseitig betont, verliert er sehr leicht den Blick für das Ganze, kehrt die Ordnung um und verwandelt sich in einen reinen Naturalismus.

Eine lediglich humanistische Religion ist eine Kompromißreligion. Sie läuft Gefahr, sich auf einen bloßen Moralismus zu beschränken und die am meisten spezifische Dimension der Spiritualität auszuschließen. Jede wahre Spiritualität, so könnten wir sagen, hat ihre Mitte im Zielpunkt (Gott) und nicht im Ausgangspunkt (der Mensch). Sie gründet in der bestehenden Einheit zwischen den beiden Polen des menschlichen Daseins – dem Geschaffenen und dem Ungeschaffenen –, und nicht in einem Dualismus, der diese in Gegensatz zueinander stellt (wie z.B. die »Paare« – *dvandva* – Theologie und Philosophie, das Übernatürliche und das Natürliche, das Heilige und das Profane, die Stadt Gottes und die Stadt des Menschen, das Gute und das Böse, Gott und die Menschen usw.). An dieser Stelle könnte uns das hinduistische Ideal *nirdvandva* einfallen, die Abschaffung jedes Dualismus, sowie die Paulinische Anschauung Christi als jenes, »der aus beiden *eines* gemacht hat« – *ta amphotera hen* (Eph II,14). Religion ist nicht Opium für das Volk, aber auch nicht Brot, obwohl sie manchmal Brot anbieten muß und obwohl hin und wieder ein wenig Opium zuträglich sein kann, wenn kein anderes Mittel zur Verfügung steht. Die Religion läßt sich nicht auf einen bloßen Humanismus reduzieren. Aus dem Christusgeheimnis kann die Dimension des Vaters, in der es seine Fülle und Vollendung findet, nicht ausgeschlossen werden. Die Religion ist auch nicht einfach ein Anthropomorphismus. Christus ist nicht nur das »göttliche Kind«, der »im Tabernakel Eingeschlossene«, »der milde Jesus«, der Sklave der Launen (oder theologischen Phantasien) der Menschen. Das Paradies ist nicht auf der Erde anzutreffen, und der Heilige ist, menschlich betrachtet, nicht unbedingt der vollkommene Mensch. Das Christentum ist nicht eine Form des Humanismus, und auch die Bezeichnung »christlicher Humanismus« ist widersprüchlich, wie ich andernorts zu erläutern versucht habe. Dasselbe könnte man auch von jeder anderen Religion sagen.

Wenn die spirituelle Ausrichtung des Humanismus einseitig und daher gefährlich ist und außerdem den falschen Anspruch erhebt, die einzig wahre Spiritualität zu sein, dann ist der Dualismus, der seine Grundvoraussetzung darstellt, ein Irrtum der Lehre parallel zum Atheismus. Dennoch legt die humanistische Einstellung ein unaufhörliches Zeugnis der äußersten Würde des menschlichen Lebens auf der Erde ab und erinnert uns daran, daß die persönliche Freiheit und die unausweichliche Forderung von »Dein Wille geschehe« wesentliche Elemente der wahren Spiritualität sind.

Angelismus

Die der Spiritualität des Geistes innewohnenden Gefahren sind wie die Kehrseite derjenigen, die mit dem Humanismus verbunden sind. Der Mensch ist gewißlich kein Engel. Warum wird dann so oft erklärt, um es kurz zu sagen, daß »der Mensch nicht reiner Geist« sei? Verrät eine solche Bemerkung nicht eine Sehnsucht nach dem Angelismus, der in bestimmten Epochen der Geschichte so ausgeprägt war? Wenn der Mensch schon kein reiner Geist ist, müssen wir ihn dann als einen *unreinen Geist* betrachten – unrein aufgrund seines Leibes? Es ist, als ob dieser für ihn, den Menschen, ein Makel wäre, ein Stigma, ja, eine Schmach, und das besagt soviel wie, daß der Mensch ein gefallener Engel ist und daß das wirkliche Ziel seiner Natur darin besteht, die Stufe der Engel, also eine rein geistige Stufe, zu erreichen. Der Mensch ist aber weder »reiner Geist« noch einfach »Geist«. Man könnte ihn, wenn man will, »verkörperter Geist« nennen, aber ebenso zutreffend wäre die Bezeichnung »vergeistigter Körper«. Der Gebrauch des Wortes »Spiritualität«, um den Weg des Menschen zur Vollkommenheit zu bezeichnen, verrät in ähnlicher Weise die Geringschätzung oder Vernachlässigung des Körperlichen, obwohl Körper und Materie ebenso wichtige religiöse Elemente sind wie alles andere. Wenn der Körper auch nicht kategorisch abgelehnt wird, wird er doch meistens vernachlässigt oder verdrängt. Ist die »Entdeckung« des Begriffs der Seele nicht ein Versuch, den Menschen zu erlösen, indem man ihn von der Last seines Leibes befreit? Die Seele verwandelt sich dann in das zur Erlösung bestimmte unsterbliche Element, während man den Rest ungestraft über Bord werfen kann. Warum wird der *jîvan-mukta* als verwirklichte Seele betrachtet, welcher der zeitlichen Sphäre nicht mehr bedarf und gegenüber der Gesellschaft keine Pflichten mehr hat, wenn nicht deshalb, weil allein die Seele, und noch mehr ihre »feine Spitze«, als des Menschen für würdig gehalten wird?

Es ist eine Tatsache, und zwar eine ungemein bezeichnende, daß die Kirche im allgemeinen mit dieser Art spiritueller Bewegungen weitaus strenger verfahren ist als mit den entgegengesetzten Tendenzen oder mit solchen, die zur Lässigkeit neigten. Ist das, was ich hier »Angelismus« nenne, nicht dasselbe, was Jahrhunderte hindurch innerhalb der Kirche unter verschiedenen Namen und Formen in Erscheinung trat: Montanismus, Quietismus, Jansenismus, Esoterik, Puritanismus usw.? *Corruptio optimi pessima*, »Die Korruption des Besten ist das Schlimmste.« Ist dies nicht die gefährlichste Klippe aller Religionen?
In der Spiritualität des Geistes gibt es eine grundlegende Dimension, deren Wiedergewinnung von höchster Bedeutung ist, denn die Entwicklung des Westens und der damit einhergehende Aufschwung der materiellen Werte, der gegenwärtig auch im Osten zu beobachten ist, treibt die Menschheit in einen Niedergang, für den das Wesen des Menschen im Lauf der Geschichte nur allzu anfällig war: den Verlust der Innerlichkeit und die Ablehnung des Primats des Eschatologischen. In diesem Punkt vermögen gewisse Aspekte des Hinduismus einen wertvollen Beitrag zu leisten. Indem er unsere Aufmerksamkeit ständig auf das Absolute richtet, erinnert er uns eindringlich an die Realität des Geistes und macht uns seiner ursprünglichen Rolle im menschlichen Leben und seiner sublimierenden Wirkung zutiefst bewußt. Auf diese Weise gelangen wir zu einem tieferen Verständnis der grundlegenden Unbeständigkeit dessen, was auf den ersten Blick die Wirklichkeit zu sein scheint.
Wenn die Spiritualität des Geistes sich aus ihrer Verankerung in der Trinität löst, verfällt sie dem doktrinären Irrtum des *Pantheismus.* Der Pantheismus ist sicherlich ein Zeugnis unseres Lebens und Daseins *in* Gott (in ihm leben wir, bewegen wir uns und sind wir), doch er ignoriert die Tatsache, daß unser Leben immer *ein Prozeß des Werdens* ist, daß er sich *in fieri* befindet, im Ent-stehen, daß es in uns einen Drang zum Absoluten gibt, daß wir jedoch noch nicht zum Sein gelangt sind, obgleich das Sein schon zu uns gekommen ist.

Vielleicht ist jetzt leichter zu verstehen, was ich mit dem Wort *Theandrismus* andeuten möchte: eine Spiritualität, die in einer echten Synthese die drei Dimensionen unseres Lebens, sowohl auf Erden wie im Himmel, vereint. In ihr finden wir *Kontemplation*, die mehr ist als Denken; *Aktion*, die ihren Wirkungskreis nicht auf die Errichtung der irdischen Stadt beschränkt; *Gott*, der nicht einzig und allein ein Richter und ein durchdringendes Auge ist; *Liebe*, jenseits aller Sentimentalität; *Gebet*, das sich nicht auf Bitten, ja nicht einmal auf Lobpreis beschränkt, sondern das auch ein *Schweigen* ist, das nicht in Gleichgültigkeit verfällt; ein *Apophatismus*, der nicht im Nihilismus untergeht; eine *Gnade*, die dem Natürlichen nicht widerspricht. Kurz gesagt, ein Geist in dem Sinn, der nicht unleiblich ist, in dem Sinn von Verkörperung, die den Geist nicht vernachlässigt, eine *Affirmation*, die nicht ausschließt, und eine *Negation*, die sich nicht in sich selbst verschließt.

Dies ist eine Spiritualität, deren einfachster Ausdruck besagen würde: Der Mensch ist mehr als nur ein »Mensch«; er ist ein theandrisches Mysterium.

Glossar

Advaita Nicht-Dualität. Metaphysischer Ausdruck der Nicht-Dualität zwischen der Welt und dem Göttlichen, philosophisch dargelegt von verschiedenen indischen Philosophen. Das Absolute wird in der Erfahrung seiner Verwirklichung wahrgenommen.

Advaitin Anhänger des Advaita Vedânta; der Vedânta, der sich zur Nicht-Dualität von *âtman* und *brahman* bekennt.

Aham »Ich«, das ontologische Daseinsprinzip. *Wie ahamkâra* ist es das Subjekt der Erfahrung; und ihm obliegt es, sämtliche Daten des Bewußtseins zu vereinen.

Aham asmi »Ich bin«, Formel der spirituellen Verwirklichung oder *mahâvâkya*, wie sie aus der Brihadâranyaka Upanishad hervorgeht.

Ahimsâ Gewaltlosigkeit, die der asketischen Praxis zugrundeliegt und vielen Formen der indischen Spiritualität gemeinsam ist.

Anâma Das Unaussprechliche und Unbenennbare, ohne Namen und jenseits aller Bezeichnung.

Aneka Etwas, was nicht eins ist, was nicht eine einzelne und einzigartige Entität darstellt.

Anubhâva Direkte, unmittelbare Erfahrung, Intuition der umfassenden Wirklichkeit sowie Offenbarung und Gnade, in dem der Erkennende eins wird mit dem Erkannten.

Asti 3. Person Singular, Indikativ Präsens, des Verbums »sein« in Sanskrit.

Atman Das Selbst eines Wesens und der Wirklichkeit.

Aupanishad Vom Substantiv Upanishad abgeleitetes Adjektiv.

Ayam âtmâ brahma »Dieser *âtman* ist *brahman*«, Grundsatz oder *mahâvâkya*, aus der Mândûkya Upanishad.

Bhakta Einer, der den Weg der *bhakti* geht.

Bhakti Mystische Haltung der Hingabe, der Gottesliebe.

Bhaktimârga Der Weg der spirituellen Vervollkommnung, der auf der Selbstübergabe an Gott in der Liebe beruht.

Dharma Kosmische und rituelle Norm, Naturgesetz und ethische Ordnung. Der Name erstreckt sich auch auf die Äußerungen der Norm, welche die verschiedenen Daseinsebenen regiert, wie z.B. Pflichterfüllung, Gehorsam gegenüber den Geboten usw.

Dharmakâya Der mystische Leib des Dharma (im Buddhismus).

Dvandva Paar von Gegensätzen oder sich ergänzenden Polaritäten, wie Freude und Schmerz, Hitze und Kälte usw.

Egô eimi ho eimi »Ich bin der ich bin.«

Eidôlothyton Opfergabe für die Idole, im Gegensatz zu *hierothyton.*

Esti 3. Person Singular, Indikativ Präsens, des griechischen Verbums »sein«.

Gîtâ Gesang. Die Bhagavad Gîtâ, der »Gesang des Erhabenen«, das bekannteste der heiligen Bücher Indiens, ist ein religiöses Gedicht in achtzehn Gesängen, das die Lehren des Herrn (Bhagavân), Krishna, für seinen Getreuen, Arjuna, über den Weg der göttlichen Liebe und das Verhältnis zur Pflicht enthält.

Gojîm Nichtjuden, »Heiden«, die der Offenbarung Israels nicht angehören.

Gnôsis Weisheit, durch den erleuchteten Intellekt erworbenes Wissen.

Hierothyton Sakrale Opfergabe, im Gegensatz zum Eidôlothyton.

Ishvara Einer der Gottesnamen in der hinduistischen Tradition, im Aspekt des Meisters und Vermittlers des Universums, sowie der Name des Vollkommenen Menschen.

Jîvanmukta Befreit-lebendig; einer, der seine ontologische Identität im *âtman-brahman* des Urzustands verwirklicht hat, der sein wahres Sein durch sein völliges Eingehen in das Sein wiedererlangt hat.

Jñâna Intuition, Verwirklichung des Absoluten, Weisheit und erlebte Erkenntnis der Identität von *âtman* und *brahman*.

Jñânamârga Methode der spirituellen Verwirklichung, in deren Mittelpunkt die Erkenntnis durch Erfahrung, durch eine unmittelbare Intuition der Wirklichkeit steht.

Kairos Entscheidender Augenblick, der kritische Punkt, an dem eine Phase in eine andere übergeht und das Schicksal sich erfüllt.

Karma Opfer, ritueller sowie moralischer Akt.

Karmamârga Weg der Vollendung, der sowohl auf dem rechten Tun als auf dem Ritus beruht.

Kenosis Vernichtung, Selbstentäußerung; diese Tat bewirkt, daß das Selbst leer wird.

Koinônia Gemeinschaftliche Teilhabe, Kommunion.

Krishna Eine Manifestation Vishnus. Gott als Schöpfer und Bewahrer, der Heiland. Die Bhagavad Gîtâ enthält seine Offenbarung gegenüber Arjuna.

Logos Wort, Vernunft, Prinzip der Intelligibilität.

Logoi Plural von *logos*.

Mahâvâkya »Großes Wort«. So werden verschiedene Formeln der Upanishaden bezeichnet, die in äußerst knapper Form die Erfahrung des Absoluten wiedergeben.

Mândûkya Upanishad Vermutlich nach der Zeit des Buddha entstandene Upanishad; enthält die Lehre von den Stadien des Bewußtseins und deren Entsprechung in den durch die Silbe Om dargestellten Seinsstufen.

Metanoia Bekehrung, Sinneswandel, Veränderung der Sichtweise.

Nâma-Rûpa Name und Form, d.h. die Gesamtheit der Bezeichnungen und Erscheinungen, welche die Welt des Manifestierten im Gegensatz zum Nicht-Manifestierten ausmachen.

Neti Neti »Nicht dies, nicht das«. Formel der Brihadâranyaka Upanishad (XI,3,6), die andeutet, daß das Absolute jenseits aller Begrifflichkeit und Affirmation liegt.

Nirguna »Ohne Attribute«. Bezeichnet den Brahman in seiner totalen Nichtaussagbarkeit.

Nous Intellekt und Bewußtsein, Prinzip der Person.

Oikumenê Das Universum sowie die Domäne des Menschen.

Saguna »Mit Attributen«, das vom menschlichen Intellekt konzipierte Absolute.

Shruti Offenbarung oder »Gehörtes«, d.h. die Veden.